contraescrita

AS MEIAS

DO POETA

VICTOR NUNO DE MENEZES
(Po8 e Físico-Teórico)

OBRA COMPLETA

por
philipe pharo da costa

contraescrita

AS MEIAS DO POETA

OU UMA CRÓNICA DE SOCIEDADE HOMO SAPIENS

VICTOR NUNO DE MENEZES
(Po8 e Físico-Teórico)

OBRA COMPLETA

Traduzido do Galaico-Português

por

Philipe Pharo da Costa

Autor: Filipe Faro da Costa

Título: As Meias do Poeta Victor Nuno de Menezes
(Po8 e Físico-Teórico)

Subtítulo: Obra Completa

Revisão: do autor

Imagem de Capa: ContraatircsE

Design de Capa e Interior: ContraatircsE

Produção: ContraatircsE

1ª Edição – Abril de 2022 – Edição Capa Tecida

Depósito Legal: 498663/22

ISBN: 978-989-54721-7-8

ContraatircsE@gmail.com

DEDICATÓRIA

A todos os poetas que não têm voz!

ÍNDICE

AGRADECIMENTOS

Logo que batam palmas.

PREÂMBULO

A reedição desta obra no formato de Obra Completa é uma necessidade que levaria a demasiadas explicações, as quais não vou extrapolar por pejo à comiseração, no entanto, é de salientar que, ao contrário da edição de "As Meias do Poeta Victor Nuno de Menezes" de 2017 (registada em 2016), a presente contempla todos os escritos posteriores do Físico-Teórico até à sua morte literária em 2021, esses incluídos na "2ª Parte" definida nesta edição.

As "Meias do Poeta Victor Nuno de Menezes", na sua versão inicial, foi uma obra apresentada pelo autor em vários locais de Portugal (no Minho, mais propriamente) num formato de performance literária, nomeadamente e citando os locais: Biblioteca Municipal Tomaz de Figueiredo em Arcos de Valdevez (2017); Livraria Centésima Página (Braga, 2017); Escola Profissional de Braga (2018); EB2,3/S de Arcos de Valdevez (2019); Escola Profissional do Alto Lima (Arcos de Valdevez, 2019). Foi também declamada à porta da Assembleia Municipal de Arcos de Valdevez (2020) como protesto pela falta de apoio à cultura independente no período da pandemia CoViD-19, e não só, tendo o declamador sido alvo de expulsão da porta do local e posteriormente readmitido ao mesmo, onde declamou extratos de "As Meias do Poeta" perante os membros da Assembleia Municipal e outros presentes que aguardavam a abertura de portas. Viria o Poeta a ser vítima de falsas acusações, politicamente motivadas, no decorrer da Assembleia por parte do seu então presidente.

O que mais se possa escrever sobre esta obra remeto à posteridade.

Filipe Faro da Costa em protesto contra "falta de apoio à cultura independente"

O poeta e tradutor Filipe Faro da Costa iniciou no dia 24 de junho um "protesto grevista por tempo indeterminado *até morrer à fome de cultura* ou ver as suas reivindicações atendidas". Em causa, por exemplo, o facto de o Município de Arcos de Valdevez não organizar uma "feira do livro plural e democrática desde 2012".

O autor de 39 anos aproveitou a realização da Assembleia Municipal, no passado dia 26 de junho, para protagonizar à porta do Centro de Exposições, antes do arranque dos trabalhos, "um protesto, em forma de performance poética (com declamação de poesia), pela "incompetência geral no que respeita à não promoção de iniciativas culturais independentes", com tradução na "inexistência de feiras do livro democráticas e plurais ou quaisquer soluções válidas de divulgação e apoio à

literatura independente no período de pandemia ou em qualquer outro período".

Em declarações ao *NA*, Fi-

lipe Faro da Costa critica a "inoperância de todo o regime político português em relação à cultura", a "inimputabilidade de um público rosa-laranja que envergonha uma geração inteira de autores literários", a "falta de condições de trabalho para o desenvolvimento e fruição cul-

tural independente na região e no país", a "inimputabilidade cultural dos órgãos autárquicos dirigentes da região, [...] bem

como das oposições políticas que clamam hipocritamente apoios para a cultura, mas são incapazes de dar um passo que seja para a apoiar".

Com mais de vinte publicações, Filipe Faro da Costa gosta de abordar várias correntes literárias de escrita.

Jornal "Notícias dos Arcos", página 15 - 2 de julho de 2020.

v

1. O POETA
VICTOR NUNO DE MENEZES

LÁ VAI O POETA

Que mancebo!
Olhem-no bem vaidoso de suas palavras
Com o cabelo cheio de sebo
De tantos versos de veias cavas.

Olhem-no para as meias, vejam como vão rotas,
Tão rotas que podia vir descalço,
Notar-se-ia menos!
Tão rotas como uma carteira de um pobre,
E cheirem, cheirem!
De certo cheira a chulé!
Ui, ao tempo que ele não deve ter uma água,
Para se lavar, sabonetear, fazer a barba,
Porque não desfazê-la...

E o casaco ó poeta, não tens outro?
Andas sempre com o mesmo fato?

(rascunho de Victor Nuno de Menezes)

ESTÁTUA VIVA

Dentro daquela redoma voluntária
Em que se ama, em que se sente o gosto
Da adrenalina nas glândulas salivares,
Na vertigem da entrega mútua!
Naquele limiar de fogo-posto
De que se ergue Phenix, estátua viva!

Se atiram os amantes ao pedestal
Para depois ruir como um império
Aos olhos de outro espasmo fatal,
- horizonte largo de impropério.

Ergue-te, ó Phenix divinal!
Constrói-te de cinzas em granito alto
Que da chuva se fará viva
Nessa espera longa de impulso,

Ó Amor ancestral!
Ó Dádiva natural!
De seres estátua viva
De teu próprio pedestal!

Victor Nuno de Menezes, Po8 e Físico-Teórico

EM PRÓPRIA CAUSA

És um palerma,
Aquela mulher tão bonita
À mão de semear uma paixão
E tu deixa-la ir sem cítara,
Sem lama!
Como és patético, ó Menezes!
Sentado nesse sofá da solidão
A espera que o céu te de pão
Enquanto ela te mira mil vezes
E tu te fazes sem coração.

Ó triste Menezes!
Tivesses tu o pão que o diabo amassou
E comias como os outros,
BUR... gueses,
O vazio que a vida levou.

Victor Nuno de Menezes, Po8 e Físico-Teórico

LACERDA

És um derrotista de merda,
Olhas para o espelho e não fazes a barba,
Nem sequer sabes vestir uma gravata
Ou uma porcaria d'um pardejo,
Sapatilhas rotas e sujas
Unhas ruídas, e prolongamentos filiformes...
Pêlo animal até às narinas!

És uma vergonha, Poeta!
Que nem a uma musa te atreves,
E estás gordo... e pesado
Como um camião de merda,
Inerte e enfadado
Como um Lacerda,
Um Lacerda! Um Lacerda qualquer.
Vai mas é trabalhar, malandro!
E vê se uma musa te queima tuas gorduras
De tanta merda que acumulas.

Victor Nuno de Menezes, Po8 e Físico-Teórico

14

NOTE-SE:

Eu sou um louco,
Um louco que ainda não ganhou as asas,
As penas da cera de Ícaro
Velando para fora do mundo terreno
E só por isso não cheguei ainda ao céu,
Para mal dos meus pecados,
Condenado, à estrupiciedade humana,
E sem cera para as asas de anjo
Que me condenaram a procurar
Nestes restos que me deixaram da vida terrena.

Mas vós, vós serdes mais loucos que eu!

Victor Nuno de Menezes, Po8 e Físico-Teórico

BURRO-DE-CARGA

Estou farto! Farto de mim próprio!
Cansado como um burro-de-carga
E tendo como ele uma dor, amarga,
Sendo de mim no espelho adversário.

Quanta carga deste trabalho de viver
Me bate no lombo imundo de necroses
De vidas nunca minhas, ou para ser,
Que me tomam em abjetas morfoses.

Arre fardo! - que pesas nada nesta dor.
Neste trilho carregado em linha de horizonte
À qual nunca chegado caminhas o suor,

Deste burro-de-carga, teimoso, bisonte,
Transformado, dando coices nas palavras
Que te libertam dos sonhos que bravas.

Victor Nuno de Menezes, Po8 e Físico-Teórico

UM OUTRO OUTRO

Eu, sou o Outro,
Sou aquele que te queria beijar as pétalas
D'teu corpo.

O Outro,
Que te atende em teus olhos verdes e verbaliza
letras
Sem fruto.

Esse mesmo Outro,
Que aqui em silêncio corajosamente se denuncia
Em plena covardia.

Sou o Outro, Merda!

Mas qu'esse Outro também quebr'á impotência,
A minha própria impotência d'ego,
Sem virtude, imoral,
A distância da latitude em que te sonho frugal,
Ao que a tua presença imensa; gema de amor;
Inteligível a ponto de anseio;
Se solta este comboio de letras a vapor
Deste Cavalo-de-Ferro sem freio, nem dor.

Victor Nuno de Menezes, Po8 e Físico-Teórico

LUACINZA

Era como luz e levou-me,
Chamei-lhe: "Morte, sua puta!"
Era como luz e respondeu-me:

"Sou luz, não sou puta!"

E levou-me na sua mão firme,
Absorta, dissolveu-me,
Tornou-me pó, livre,
Completamente livre,

Voei!

Voei voando sem asas
Como se só da força do espírito
Pudesse levitar sobre as casas,
Aquelas em que morei,
Aquelas em que dormi e sonhei.
Perguntei: "Para onde me levas, Morte?"
Largou-me a mão e deixou-me cair
Naquele vazio espacial da sorte,
Onde - sem mais me ferir - esvaziei a alma,
Os sentimentos, os pensamentos.

"Ó Morte! Onde me deixas?"
E aí, respondeu-me na mão da sua palma:
"No vazio da eternidade!"

Victor Nuno de Menezes, Po8 e Físico-Teórico

O AMOR RESUMIDO

O amor adormeceu naquela esquina
No desenho abstrato daquele edifício
Em estreita linha sem contacto
Adormeceu-se na aorta do orifício.

O amor dormiu e sonhou
E imensificou-se em pesadelos belos
Que inconcretizavelmente eram belos
E assim sumiu e caminhou.

Victor Nuno de Menezes, Po8 e Físico-Teórico

PRESENÇA DISTANTE

(A vida tropeçou além atirada ao chão
Assim que se tentava erguer
Tropeçaram os transeuntes que passavam
Ficara adormecida sem mais se ver)

Ó tu que és da vida, essa coisa curta
Que nos deu a nascença
E nos desvia nessa linha torta
Ó tu - presença -
Que és mais além ainda d'qu'eu
Nesse espelho voltado
Em que mudo de rosto
Te deitas sozinho inanimado
P'la tristeza profunda
Na distância de sentires
O abraço d'tua filha.

Ó noite sem luz, fervilha!
Sem música, sem valsa
Parlapeada no instante de dança
Em Qd-quela luz nasceu uma criança.

Victor Nuno de Menezes, Po8 e Físico-Teórico

ESPASMO PARA FALSA MUSA

As idiotices vagas e sãs que escrevo
São as liberdades vãs que concebo
Não tenho em mim o vento nem a maré
Já tudo é constante como um ato de fé.

Do céu caia aquela estrela dos desejos
Tão incandescente quanto impertinente
Soltava esporádicos e curtos bocejos
Naquele longo olhar permanente.

Victor Nuno de Menezes, Po8 e Físico-Teórico

ESPASMO DE EGO

Dei de mim a paternidade,
Dei de mim ao mundo
O pouco que podia dar:
Anos de vida e *voluntade*,
Anos de amor profundo!
Dei de mim a abnegação
De ser pai, de ser filho,
Dei de mim o pouco - que sou -
Que o mundo me permitiu dar.

Victor Nuno de Menezes, Po8 e Físico-Teórico

2. PRINCÍPIOS FÍSICO-TEÓRICOS

E se te sentires mesmo mal, lembra-te que os livros falam mais contigo do que as pessoas.

Victor Nuno de Menezes, Po8 e Físico-Teórico

Os livros fazem-nos viajar sem sair do lugar. Lembro-me logo do Nils Holgersson!

Victor Nuno de Menezes, Po8 e Físico-Teórico

Poeta falido talvez, falhado nunca!

Victor Nuno de Menezes, Po8 e Físico-Teórico

Sim, há poetas vaidosos, mas não, não das suas meias rotas!

Victor Nuno de Menezes, Po8 e Físico-Teórico

Se não acreditais na poesia, tentai lê-la em voz alta, ou então sussurrai-a para que ninguém vos julgue loucos.

Victor Nuno de Menezes, Po8 e Físico-Teórico

O amor é uma doença infetocontagiosa e a única cura é a desilusão.

Victor Nuno de Menezes, Po8 e Físico-Teórico

Os livros são alta tecnologia portátil.

Victor Nuno de Menezes, Po8 e Físico-Teórico

A culpa? A culpa é sempre do Sebastião!

Victor Nuno de Menezes, Po8 e Físico-Teórico

Resposta do Eu ao Ego.
- Deixa-me trabalhar vagabundo!

Victor Nuno de Menezes, Po8 e Físico-Teórico

Eu não sei se as pessoas em geral entendem o valor cultural que tem uma tradução de um grande autor clássico como Jack London, o verdadeiro.

Victor Nuno de Menezes, Po8 e Físico-Teórico

Para AQUELES QUE compram literatura de merda, e dirijo-me a todos aqueles que CAGAM na literatura, ou seja, a todos os que só leem livros na hora de mandar o legítimo poio NA LITERATURA, julgo-o um ato SÃO dizer: MERDA! E como um dia também serei MERDA, quando me estiverem a ler, grito: DE PAPEL SUAVE.

Victor Nuno de Menezes, Po8 e Físico-Teórico

A ARTE... A ARTE NADA CONTRA A ARTE, TUDO PELA ARTE!

Victor Nuno de Menezes, Po8 e Físico-Teórico

Os livros guardam tudo, o passado, o presente e o futuro.

Victor Nuno de Menezes, Po8 e Físico-Teórico

E eu vi-o, o poeta, embriagado, caminhando por ruas
isolado, gritando:
Contra o faxismo marchar, MARCHAR!!!

Victor Nuno de Menezes, Po8 e Físico-Teórico

Loucos somos todos, mas alguns de nós levam isso a sério.

Victor Nuno de Menezes, Po8 e Físico-Teórico

In Vino Egos Sum!

Victor Nuno de Menezes, Po8 e Físico-Teórico

Os meus amigos...
Os meus amigos?
Os meus amigos
São os discos e os livros!

Victor Nuno de Menezes, Po8 e Físico-Teórico

Tudo o que um Homem precisa é de bom-vinho!

Victor Nuno de Menezes, Po8 e Físico-Teórico

O talento consiste em como cada um vive a vida!

Victor Nuno de Menezes, Po8 e Físico-Teórico

Maldita mania que eu tenho de escrever a terceira-pessoa do plural do futuro usando a terceira-pessoa do plural do pretérito-perfeito, arre, já não é dislexia, é erro mesmo! Ou melhor, é disortografia!

Victor Nuno de Menezes, Po8 e Físico-Teórico

Nenhuma religião vale um pingo-de-sangue.

Victor Nuno de Menezes, Po8 e Físico-Teórico

Deus é um personagem de ficção literária.

Victor Nuno de Menezes, Po8 e Físico-Teórico

Noute felix
In quae sed lucidus,
Qui caminares per luna
Quid agit cor
Quod amarae.

Victor Nuno de Menezes, Po8 e Físico-Teórico

Acreditar no amor é a mesma coisa que acreditar que o Sol
gira à nossa volta.

Victor Nuno de Menezes, Po8 e Físico-Teórico

"Barack Obama lamentou o ataque e sublinhou, lembrando que a Alemanha é uma "das mais próximas aliadas" dos Estados Unidos da América, que estará disponível para "providenciar toda a ajuda de que possam precisar para lidar com estas circunstâncias.""

In Expresso, 23/07/2016

Quanto ao ataque de dezembro de 2016 na Alemanha, em Berlim, cidade de muitas divisões, teve um significado perigoso. Era impossível esquecer que a Alemanha continuava com um exército diminuto, derivado das punições da Segunda Guerra Mundial, isto tornar-se-ia um argumento para muito do que viria a acontecer. A verdade dos factos é que o Daesh tinha recuado na sua expansão territorial, mas atacava em pontos cada vez mais nevrálgicos da geopolítica ocidental, e a Alemanha, naquela circunstância, reclamou celeremente junto das Nações Unidas o direito a formar um exército de meio milhão de homens, com missão defensiva argumentou a Chanceler Alemã, terminando o seu discurso com as palavras: "Temos o direito e o dever de defender o nosso povo". Na semana seguinte o pedido foi aprovado com a abstenção do Reino Unido e o veto Russo, ambos temerosos dos resultados do tal exército defensivo. O Presidente Russo, Vladimir Philipp Ulyanov, afirmou imediatamente que faria alargar as suas fronteiras para deter uma eventual investida Germânica, os Estados Unidos, apoiantes do pedido da Alemanha no Conselho de Segurança, garantiram que resolveriam o assunto com um embargo de Coca-Gola a Moscovo, de notar que o Presidente Russo era um entusiasta bebedor daquela marca de sodas de caramelo, e imediatamente ordenou o racionamento, com limite de 1L de Goca-Cola por semana a cada lar, nas ruas logo se manifestaram partidários de direita com cartazes acusando-o de estalinismo e com palavras de ordem a pedir a sua demissão, os de esquerda empunhavam cartazes, "Não ao Faxismo!", e as palavras de ordem eram em uníssono com os da direita a pedir demissão do Presidente Ulyanov.

Mas o pior estava para vir, a morte, nesse mesmo dia, do embaixador turco na ópera de Moscovo com um tiro à-queima-roupa disparado por um membro da Nova Maçonaria Russa, provocava o descalabro diplomático entre os dois países.

"Ensaio para a Última Guerra Mundial"

Quando o desequilíbrio de forças é demasiado, inconformado, o Homem parte para a guerra sem pensar em voltar. Tiram-lhes os lares, tiram-lhes os filhos, roubam-lhes a vida e clamam-se sociedade, por consequência chamais-lhes terroristas, suicidas, fundamentalistas, quando o que lhes tiraram foi o fundamental, a fé na sociedade.

Victor Nuno de Menezes, Po8 e Físico-Teórico

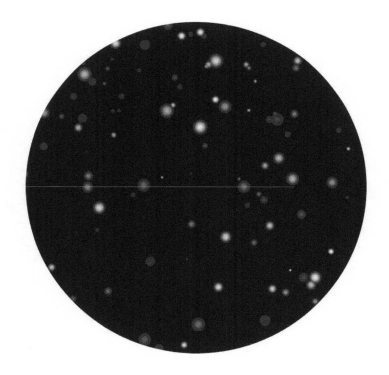

3. POEMAS FÍSICO-TEÓRICOS

●○●●○●
●●○●●
●●◇●●
●●●●
●●●

POEMA PARA ACADEMIA

O Poeta é um tradutor, e não o julguem além,
O Poeta é ele somente quem
Tradutor de sentimentos de aquém,
Não o julguem além!

O Poeta é por dor um momento
Para no seguinte espasmo de ego,
Vencido pelo desafio das palavras
Retorque em terminologia
As de outras línguas mais bravas,
E o Poeta escreve nos intervalos do que traduz,
E o Poeta ferve no que ilumina sem luz,
E dilata em brasa incandescente
 Daquele pronome relativo de gênero*
Em concordância proeminente,
Do verbo *enfêrmo* com acento
Que manipula o tempo incongruente,
O tradutor é mestre e delinquente
Na arte de compreender, mas ausenta-se
Da sua cadeira para escrever.

Victor Nuno de Menezes, Po8 e Físico-Teórico

QUE SE FODA, PAH!

Se te fores amanhã, deixa lá,
Tiveste ao menos oportuna de amar,
Oportuna para ser amado, pah!
E que bem-amado foste, ao luar,
Ao ar livre e na higiene do bar,
Por falsas donzelas fodido
Até teres o tesão partido,
Até mesmo não as suportar.

Já foste, pah!
Da vaidade de algumas perdido
Mas de outras o orgasmo atingindo,
Deixa lá, pah!
Depois de morto qualquer um é Poeta,
Quiçá até mesmo reconhecido profeta,
Que se foda, pah!

Victor Nuno de Menezes, Po8 e Físico-Teórico

TRANSEUNTE

Seu perfume era uma mão cheia de alfazema
Que brisava levemente à sua presença,
Longos cabelos negros e alva pele de cinema,
Com olhos marrons reluzentes como gema
E um sorriso límpido sem avença...
Quão bela e enfatizante presença
A d'aquela formosa mulher imensa
Que neste espasmo lento me trama
Como um fósforo que se inflama.

Victor Nuno de Menezes, Po8 e Físico-Teórico

GALOPE

O Poeta é um corpo estranho da sociedade que difere em
vontade, o Poeta não é um amante da realidade, o Poeta
senta-se além distante e divaga a luz do futuro fitante. Oh,
quanto mais'lém como o passado de um cavalo
galopante...
GALOPANTE,
GALOPANTE,
DULCINEIA ADIANTE,
GALOPANTE,
GALOPANTE
☆

Victor Nuno de Menezes, Po8 e Físico-Teórico

DANÇA DE UM PENSAMENTO

Talvez não saibais, mas tudo o que vai além na luz, é o
Passado, o estanque Passado, e tudo o que podeis iluminar
do futuro é ir caminhando pela rua estreita que nos leva nas
poeiras cósmicas, ultravioletas, auroras boreais e coisas que
tais, almas espíritas dispersadas em para-átomos vitais.
Ah... se eu tivera um comboio do pensamento que me
levasse por esse cosmos espacialmente, se eu pudera além
inadvertidamente renascer dessas partículas dispersadas por
buracos negros infinitos, e além ainda por buracos brancos
e azuis e *burgundy*, e a dançar em cima do disco de Saturno e
voltar a dançar,
e a dançar e a dançar
e a dançar e a dançar e a dançar e a dançar e a dançar

Victor Nuno de Menezes, Po8 e Físico-Teórico

POEMA DA ESPERANÇA

Por vezes as lágrimas te cairão, a fio,
E dessas lágrimas do teu puro sal
Só poderá germinar coragem tal,
Para andar Avante, renovares-te de brio,

De tudo o que ainda tens para conquistar,
Dos sonhos que ainda tens para sonhar
E que ainda não sabes, mas terás com certeza,
E não temas levar uma candeia acesa!

Sê astuta, na dúvida prefere resistir
Até que tenhas podido repensar,
Aí será o momento certo de agir.

E se aí a dúvida ainda te pairar,
Sempre melhor mudar de caminho
Do que seguir num sem destino.

Victor Nuno de Menezes, Po8 e Físico-Teórico

NA TRISTEZA

Se estiveres triste,

Sai de casa, vai ver altas montanhas
Além da silhueta das tuas entranhas,
Respira-se o ar da Natureza
E logo tudo é nosso outra vez,
Essa é a maior das dinâmicas!
E logo, para o Cosmos,
Tudo está ao alcance
De ir além do que somos,
Meras partículas da imensidão
Num contínuo efeito-dominó,
Ruidoso,
Mas respira sempre fundo,
Outros semelhantes se procuram
Tão perdidos no Cosmos como tu,
E te acompanharão nas tuas viagens
Revezando-se nas suas etapas.
Em suas exéquias miragens.

Victor Nuno de Menezes, Po8 e Físico-Teórico

CARPE DIEM ET NOX

Quando te roer a raiva
E te crescer nos dedos
A vontade de gritar,
Não seja vã, raciocina.

O tempo não é igual para todos,
Sê dona de todo o tempo que tiveres
Para fazer o que gostas,
Que gostes de dançar
E de ser livre para amar!

O mundo inteiro é teu, se o quiseres,
Está na tua mão, sempre na tua mão.
Sempre em qualquer outro lugar podes renascer,
Seguir em frente e sempre crescer.

E eu só queria lá estar para te ver
E te reconhecer...

Victor Nuno de Menezes, Po8 e Físico-Teórico

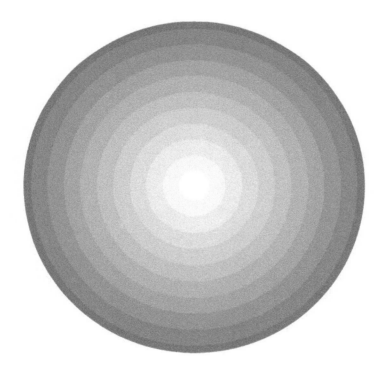

4. POEMAS VERÍDICOS

CANTIGA DO PEDINTE

O Poeta é um pobre de mão estendida
Com o chapéu virado na calçada,
E vende os livros dele, e d'outros,
Como são pobres os Poetas da Calçada
Com as suas meias mal lavadas,
Vendidos à rua e a quem passa
À troca de rimas educadas
- que sempre lhe dá para as cafezadas.
Como são Pobres
Os pobres poetas da calçada,
Por quem ninguém dá nada.

O vento intenso da manada
Que passa, olha indignada.

O Poeta é uma pobre missa cantada:
- E lá vai ele além, sabe-se lá contente
Dando que fluir ao pensamento.
O Poeta é um pobre estendido na calçada
Ditando palavras ao vento
Na contramaré da manada.
Oh! Ao relento, deitado,
Pedinte, agoniado, desperdiçando-se
Contr'ó vento que lhe leva o pensamento...
O Poeta é um pobre da calçada
De mão estendida para nada.

E diz o Estado:

Paga Poeta! Paga Poeta!
E o Poeta:
Nada contr'ó Estado!

Nada contr'ó Estado!
Nada contr'ó Estado!
Nada Contr'ó Estado!
Nada Contr'ó Estado!

Victor Nuno de Menezes, Po8 e Físico-Teórico

O	Povo,	Unido,	jamais	será	comido!
O	Povo,	Unido,	jamais	será	comido!
O	Povo,	Unido,	jamais	será	comido!
O	Povo,	Unido,	jamais	será	comido!
O	Povo,	Unido,	jamais	será	comido!
O	Povo,	Unido,	jamais	será	comido!
O	Povo,	Unido,	jamais	será	comido!
O	Povo,	Unido,	jamais	será	comido!
O	Povo,	Unido,	jamais	será	comido!
O	Povo,	Unido,	jamais	será	comido!
O	Povo,	Unido,	jamais	será	comido!
O	Povo,	Unido,	jamais	será	comido!
O	Povo,	Unido,	jamais	será	comido!
O	Povo,	Unido,	jamais	será	comido!

Victor Nuno de Menezes, Po8 e Físico-Teórico

ALÉM DESTINO

Ó extrema lisura!
Quasí obscena circunstância
Sem lugar da boa-ventura
Entre as deitadas da cartomancia.

Ó gangrena fissura
Que hemorrágica avança e fura
Essas montanhas da distância
Do falso ego em transumância.

Ó pobreza que perdura
Dessas lides em essência
Como alma sem cura.

Ó merda!
Esse perfume de conveniência
Que o apurado olfato sente
No desperdício do tempo inexistente.

Victor Nuno de Menezes, Po8 e Físico-Teórico

FRAGMENTO DE REPULSA

Espero sobreviver a hoje
É pois afinal hora do dia de amanhã,
Ah ah ah,
O tempo não foge
Só o chão
Enviesado em alcatrão
De gente que noje.

Victor Nuno de Menezes, Po8 e Físico-Teórico

DESPEDIDA

Se um dia te faltar, Liberdade,
Quero que saibas que te amei,
De alma, coração e saudade.
Quero que saibas o que em recados deixei,
Versos confusos, espelhados, refletidos,
Tantas vezes sem mais vontade
Que não a de morrer a lutar por ti,
Tantas vezes a contar as horas distantes
Em que te não vi,
Em que te não pude ver - incessantes.
Em nome de alheias vaidades
Do regime podre, fedorento, porco,
Imundo, que te afastou de mim, Liberdade.
Mas nunca, jamais baixei os braços
Na luta infinita de te conquistar,
De seres minha como eu fui teu, Liberdade.
Nem mesmo com a corda no pescoço
E as veias rebentando em hemorragia interna,
Jamais, Liberdade, jamais, Liberdade!
Jamais te abandonei, jamais te deixei,
Jamais desisti de te defender,
Mesmo estropiado
Como uma minhoca pisado,
Mesmo desalentado
Como um soldado num burro ajaezado.
Minha Liberdade! Que haja eu tido o tempo
De te ensinar a seres livre por espontânea vontade,
Sejas tu sempre livre, Liberdade!

Victor Nuno de Menezes, Po8 e Físico-Teórico

RECEITA INSTANTÂNEA PARA O AMOR

Numa panela de 2l
Colocar 75dl de desejo
Deixar levantar fervura
E acrescentar 50dl de respeito.
Misturar bem até ferver novamente.
Acrescentar 2 colheres de sopa de lealdade
E uma colher de chá de fidelidade.
Dois dedos de carinho,
Se se mantiver insosso
Acrescentar mais um dedo de carinho,
Não abusar sob pena de salgar.

Victor Nuno de Menezes, Po8 e Físico-Teórico

PROTO-POETA

Somos lestos a decidir o preconceito
E tão lentos a ultrapassá-lo.
Ser Poeta não é defeito
Nem mesmo vontade,
É alma que nasce para a liberdade,
Brisa que corre a cidade do relento
Para ir além da veracidade.
Não há maior ficcionista na Terra
Que um poeta que se exacerba,
E nem mesmo quem sonha descreve
Em palavras a virtude mais leve.

Se ouvissem o Vítor que não eu
Se soubessem com quanta liberdade
Ele rimava palavras para crianças que brincavam
Enquanto elas se lhe riam e gozavam
Daquelas suas rimas que me ouviam
Um silencioso grito de revolta,
Mas que nele, não se revoltava,
Primeiro rimava e depois gracejava
E Poeta seguia seguindo,
E como aqui eu Victor provo agora,
Que Vítor foi sempre Poeta
Até ao seu último silêncio.

Ah poeta, ias tu solteiro sem herdeiros
Por teu caminho fodendo aquela e aqueloutra
Quando por promessa d'alcoviteiros
Assinaste molhado um trato de lontra.

Ah poeta! Para que desilusão tonta
Ergueste a tua caneta de ponta
Libertando o tesão da porra solta
Naquela parede para que a viraste contra.

Estavas tão bem sossegado e quieto
Mas tinhas que arregaçar a saia,
Ó saias do caralho que as vaia.

Se não podias só ter visto de perto,
Como os mirones de longe na praia
Aquele rabo tão alvo em concreto.

Victor Nuno de Menezes, Po8 e Físico-Teórico

LUTA CONTRA O TEMPO

O	Poeta	levado	para	a	masmorra
Da		biblioteca		de	autores,
Aí,		enclausurado		pelo	tempo,
Esse		conceito	inimigo	da	criação
Que	aborta	os	versos		espontâneos
Para	a	gasosa	e	inerte	putrefação
-	de	quem	caga	versos	-
Da	luta	nefasta	contra	o	inimigo
Que	o	Poeta	guerreia	sem	exército,
Sendo	de	Marechal	a	Soldado	Raso
O	prisioneiro	da	masmorra		solitária.

O	Poeta	assim			preso,
Detido	para	averiguações			literárias.
A	crítica	vota-se	ao		silêncio,
Salvo	alguns	exercícios	de		estilo,
A	crítica	calada	deixou-o	subir	a	escada
Daquela	cela	alta	no	castelo	do	tempo
Onde	apodrece	a	fachada	do	Poeta
Como	o	vinho	branco	que	avinagra,
A	crítica	não	vale		nada,
Nem	os	versos	dessa		escada.

Victor Nuno de Menezes, Po8 e Físico-Teórico

POESIA VIRTUAL

Vós, que ledes minha poesia
Em tamanho silêncio social,
Do novo e do futuro banal
De que vos acercais em estria.

Vos agradeço, o tempo dispensado
E vitalmente vosso silêncio,
Quase obscenamente reportando
Sobre estas dívidas de amor,
Versos incandescentes,
De visíveis cometas de ilusão em tremor
Que vão rodando no céu escuro,
Em corrupio da luz enfeitiçada do amor,
Esse que não nego, mas procuro,
Num sorriso d'outro público
Que não este virtual.

Ó silêncio sepulcral!
Ó Poeta banal!
Vai vender tua Poesia para outro pedestal!

Victor Nuno de Menezes, Po8 e Físico-Teórico

5. POEMAS DA EXPERIÊNCIA

CONGRATULAÇÃO POÉTICA

Vindo ao Paraíso do meu ermitério,
Onde tantas vezes venho escrever versos
Ao sabor da corrente e das brisas poentes,
Aqui onde se ventila a natureza e a poesia...

Campos longe da tortura urbana prepotente,
Onde pastam as vacas
E ovelhas cuidadas por pastores,
Gentes que têm mais alma que posses
E se sentam na margem onde se ouvem as rãs,
As trutas chapinhando à tona do rio.

Aqui aonde se pode vir ouvir a poesia
Na voz de declamantes amigos poetizastes,
E de musicantes artistas empreiteiros da arte,
Da sonoplastia do que corre pelo espírito.

Victor Nuno de Menezes, Po8 e Físico-Teórico

DESENCANTO

Uns de nós testamos mais os limites que outros,
Nem toda a expressão carece de barreira.
Sinto-me mais velho e a um passo a menos
Da minha verdejante e última Primavera.

O que passou não foi o vago tempo!
Foram as Estações, as folhas que caíram
Do alto das árvores fecundas em céu limpo
Caducas e empilhadas em fogueiras de nadas,
Em fogueiras extintas que jamais arderam
Nas neves gélidas que vivi neste garimpo.

E nem pepitas nem ouro,
E de todo aquele carvão fiz somente fogueiras,
Fogueiras tão altas que nem avistáveis!
Sem qualquer lustro de diamante
Sem arte de mestre lapidante,
Florestas de versos que arderam inteiras
Em carvão, em tinta, em saliva,
Em vão.

☆

E o Poeta?
Poeta morreu,
Arranjou emprego como prostituta certa,
Pago a tempo e horas o tempo que perdeu.

E os livros?
Os livros arderam nesse dia de frio
Para que não parecessem vivos.
O pedante Poeta sem brio
Acendeu a salamandra e incendiou
Suas próprias vaidades que a cinzas devolve:
"Porquanto és pó e em pó te tornarás" - vociferou
Gênesis 3:19! -
E quantas mais religiosas enormidades
Arderam como as folhas de um jornal
De um dia que já passou
Desse Poeta morto e mortal.

Oh! Os derrotismos!
Jamais um derrotismo
Nasceu para a vitória!

☆

Jamais uma falácia
Foi argumento para a sabedoria:
- Só um Poeta morto pode continuar vivo
E nem todos os mortos estarão vivos -
Que se foda lá a sabedoria!
Que se foda lá a pureza e a transparência!
Vai lá ganhar tostão para dar de comer
Aos filhos da culpa que tens que alimentar
Desses tachos que pões a aquecer
Com o trabalho que te custou a suar!

Vai Poeta! Que não passas de uma puta
Vendida com'ás outras sem luta.

Ó Poeta de Roma!
Como foste grande incendiado em chamas
De uma cidade inteira, pela poesia
Que te recordam somente pelas famas
Sem a menor polissemia.
Artistas como tu que o mundo já perdeu,
Contam-se pelos dedos de uma mão
Aqueles de que o mundo se lembrou.

☆

Morreste, Poeta!
Como morre uma borboleta noturna,
Ardeste, Poeta!
Como as folhas da tua loucura
Que desperdiçaram tuas amantes.
Morreste Poeta!

Ah a sociedade, a ilegítima sociedade,
Esse desprezo vago, ó demência!
Ó orgia da sociedade hipócrita da poligamia!
Ó barafusta ó deus inerte
Que pagamos todos com a morte
Os teus pecados por cometer.

Ó luz da gruta imensa!
Ó imensa paralisia mental!
O que vascula em ti
São sonhos de catedral.

☆

Envolto em seios
Em coxas voluptuosas
Do sexo abruptas,
Teu ventre é maior que uma catedral,
Sim deus, teu ventre que nos deu
Ao livre-arbítrio que nos pariu.

- Nada tenhas a temer, tens a palavra,
A palavra de deus que te ressoa
Que te imita a razão! -
Me disse ele numa trip de ilusão,
- E que como deus também te pariu
Saberá do que padece essa dor que te feriu.
Ao que lhe respondi: Não busco a eternidade
Somente o espaço de existir da tua vontade.
Como o temi nessa noite, do seu julgamento,
Do seu juízo e de sua sentença,
Como foi triste aquela avença
Aquele longo corredor de purgatório.
Vai deus sem me salvar, vai
Que eu ainda quero viver
Uma outra sociedade.

Victor Nuno de Menezes, Po8 e Físico-Teórico

POEMA INTERLINGUISTA
(EXERCISE ONE)

Os dedos soltos integram-se uma na outra mão,
Encaixam-se, um a seguir ao outro se continuam
Como se rodas dentadas de um clockwork,
As palmas moldam-se, apertam-se pela certeza
Que em vão se amam os transeuntes dessa despesa,
Dívida da alma dessa paixão sem sucre
Velho vinho bebido duma garrafa sem cork
Embraiando a alma num copo que se frute.

Victor Nuno de Menezes, Po8 e Físico-Teórico

FRAGMENTO DE CORDA

À *corda* que **CORREU** no meu pescoço
Faltou ESTICAR afinal o suficiente,
Mas deixou a marca *contundente*
Da **MORTE** em pleno alvoroço.

Victor Nuno de Menezes, Po8 e Físico-Teórico

UM INSTANTE DELA

Seus passos,
eleitos,
Caminhava como deusa,
Bamboleava,
Estreita
e larga,
Brotavam de seus pés,
vertigens
Que eram abismos
crescentes.

Daquela mulher,
vestida decente
De sorriso largo
e evidente,
Restou-se um espasmo
tão somente.

Victor Nuno de Menezes, Po8 e Físico-Teórico

PARA SABEREM QUE TE OFERECI FLORES

As flores vermelhas que te dei,
Não eram de plástico, não!
Eram flores vivas que apanhei
Naquele jardim verde de ilusão
Em que solitário te amei.

Eram as flores que os sonhos pintaram
Por aquela estreita estrada azul
Em que as nossas mãos se deram
Antes de nos afogarmos naquele paul,
Ah, se não tivesses ficado tão a sul.

Ah, se essas flores que se perderam
Não houvessem tido por destino incolor,
Aquela campa dos que se feriram
A golpes baixos de ciúme e rancor
Desse alguém que não sabe ser flor.

Victor Nuno de Menezes, Po8 e Físico-Teórico

ACORDAR

Estava tudo a preto e branco
Virado de pernas para o ar,
Caía no abismo de seu perfume
Sem sequer a cheirar.

Estava tudo a preto e branco
Naquela lareira do ciúme,
Daquele sonho profundo a caiar,
Quando me invadiu em ardume.

Estava tudo a preto e branco
Na sua boca de sabor-a-mar
Unindo a molécula do queixume
Das bocas entreabertas ao beijar.

Estava tudo a preto e branco
Quando os lábios em urdume
Se puderam sensitivos aglomerar
Naquela porta aberta do azedume.

Estava tudo a preto e branco
Virado de pernas para o ar,
Daquele sonho profundo a caiar
Unindo a molécula do queixume,
Caía no abismo de seu perfume
Das bocas entreabertas ao beijar,
Na sua boca de sabor-a-mar,
Quando os lábios em urdume,
Naquela porta aberta do azedume
Se puderam sensitivos aglomerar
Naquela lareira do ciúme
Sem sequer a cheirar,
Quando me invadiu em ardume
E eu tive que acordar.

Victor Nuno de Menezes, Po8 e Físico-Teórico

HOJE

Hoje, tenho vergonha da justiça do meu país,
Hoje, o meu país tem uma justiça sectária,
Hoje, o meu país envergonha-me!
Hoje, o meu país é sexista,
Hoje, o meu país é hipócrita,
Hoje, o meu país é cego,
Hoje, o meu país é surdo,
Hoje, o meu país é dos que querem,
podem e mandam,
Hoje, no meu país, não há justiça!
Hoje, o meu país é dos criminosos,
Hoje, o meu país é uma vergonha,
Hoje, tenho vergonha do meu país!
Hoje, tenho vergonha de ser português.
Hoje, urge a igualdade!
Urge o amanhã por igual,
Urge a defesa dos indefesos,
Urge a Justiça que não existe!
Urge a verdade das coisas,
Urge abrir os olhos,
Urge deixar de ignorar a verdade,
Urge urgir o amanhã,
Urge mudar este país que me envergonha,
Ou melhor,
Hoje urge-me mandar este país à merda!

25 de outubro 2016

Victor Nuno de Menezes, Po8 e Físico-Teórico

AS MEIAS DO POETA VICTOR NUNO DE MENEZES

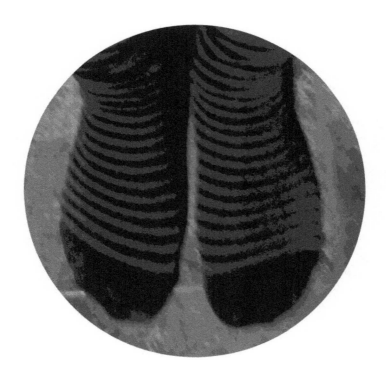

6. AS MEIAS DO POETA

AS MEIAS DO POETA
OU UMA CRÓNICA DE SOCIEDADE HOMO SAPIENS

O Poeta precisa de um par de meias, a maior parte está
rota ou por lavar e o Poeta usa sempre o mesmo par de meias,
talvez o leitor conheça um poeta ou um artista na necessidade de
um par de meias, não o ignore ou desampare, as meias são dos
confortos mais natalícios, uma autêntica necessidade de Inverno,
tinha aliás uma tia que pelo natal sempre dava um par de meias às
crianças, recorda-me inclusive que há anos que o Poeta não tem

um par de meias lavado, salvo quando ganha coragem para lavar umas. Creia-se verdade, os poetas gostam que se lhes lavem as meias, bem como lhes importa que digam que aquelas calças têm que ir à costureira pois estão rotas e dão má aparência, ou mesmo quem que lhes diga para vestirem uma camisa para parecerem mais elegantes.

Entretanto, o Poeta entregou as meias todas das mulheres que delas se esqueceram na sua cama, e como não tem levado mulheres para a cama, não tem tido meias que se adequem, aquelas meias grossas de algodão 210g que deixam os pés quentinhos que vocês mulheres usam, para o Poeta dormir bem e descansado.

Mas o Poeta está teso e conseguiu sair na noite de fim de ano sem gastar um tusto que não tem, mesmo com as meias rotas e fedorentas, o Poeta precisa que lhe paguem uns copos, para anestesiar esses momentos danados da vida dessas feridas mal cicatrizadas, e para aquecer os pés, sim o Poeta e também o autor precisam de criar e vender as suas obras, no caso dos livros, muitos, muitos livros para pagar as dívidas e engatar um par de meias lavadas, ou dois pares delas se o primeiro romper demasiado depressa, chega desta casa triste e só onde mora, e que permanece gelada sem a presença feminina.

Sim, o Poeta perdeu muita coisa, a dignidade, o respeito, alguns amigos, uma data de amigas coloridas e a amada, também se foi, e com ela a casa onde dormia, quase que perdendo o embrião que foi hoje para a progenição, requerendo ao secretariado delegou-se-lhe a guarnição, agora o indigno Poeta só vê o rebento quinzenalmente nos fins-de-semana consortes. Pode o leitor perguntar: e então a progenitora? Já se está a ver, foi para o que deu, servira de reprodutora instantânea para o Poeta engravidar a literatura e zarpou ao mar alto da promiscuidade, o Poeta, no instinto da procriação, encontrou uma beleza firme de uns vinte e poucos anos e foi à Desfolhada, uma espécie de banco de esperma fértil, não remunerado, do qual, diga-se, adveio um magnífico rebento literário. Oxalá que, na vara, a ficção não seja confundida, sacrificam os Poetas, os Vencidos da Vida, qual censura às almas atrocidadas pela sociedade do exibicionismo corporal e fotográfico, e culpam as palavras, as próprias palavras que descrevem o prazer de comer a metafísica de um chocolate, doce, ameno, algo macio de travo amargo e seco, qual água que a boca sedenta anseia e bebe rarefeita e insaciável, coberto por um invólucro plástico maquiado e dispensável.

Mas o Poeta só queria mesmo um par de meias, e uma sopa, e uns trocos para as despesas correntes, sem falar já da renda que tem que pagar, além de que precisava das dívidas pagas até aos Reis, um qualquer recomeço com meias lavadas. Sim! O Poeta quer um telhado debaixo do qual uma mulher inteligente e madura, com falso Cartão de Cidadã se caso for, seja simpática ao ponto de lhe pôr a secar as meias debaixo do telhado de casa e pudera ainda ajudar a cuidar do embrião literário.

Essa descendência que enfrenta toda a tristeza com um sorriso, que ontem estava assim chique e elegante para sair com o Poeta à noite, sem se demorarem pela sociedade onde todos os olhavam com suave inveja, até salutar, de bênção social pela sua União, enquanto seguiam sendo o casal mais vistoso da pista de dança, não tivesse a descendência às cavalitas do Poeta.

Era a Rainha da Festa, olhava-o nos olhos e sorria com toda àlegria, que lhe é inata, mesmo que a vida não lhe tenha sido inteiramente justa. Tem saúde e é inteligente, como fundamental, tem imensa sede de cultura, conhecimento, adora livros, filmes de Chaplin, diz que quer ver o *Ladri di Biciclette*, do De Sica, na companhia do Poeta. É sempre leal, como desejável, nem sempre fiel, como toda a literatura, tal me ensinou a mim aqui de escriva, e com sabedoria, uma amiga que faleceu faz pouco tempo. Vale que o embrião entende já que há compensações das tristezas, mesmo na sua mais plena inocência.

Entretanto, a cama do embrião, já quase feto, está a ficar

pequena e precisam de uma maior para a sua futura casa, precisa de ter um novo emprego para alugar um T2, salvo que o espaço para a biblioteca seria diminuto, e o Poeta tem uns livros para comprar, tais como: uma edição da "Relógio d'Água" do "Cândido ou o Otimismo" de François Marie Arouet, falha-me agora o nome do tradutor, podem no entanto oferecer-lhe o trabalho de o traduzir para eles, seria certamente um tradutor adequado para o livro, também um livro do Chico Buarque que ainda falta na estante; por isso o melhor seria um T3! Que bom é sonhar com esses míseros vinténs de escritor, vulgo Poeta.

No entanto, o já feto da literatura, fala como se tivesse todo o tempo do mundo, para ele o tempo ainda não existe, nota-se que essa é uma das alegrias que lhe vive estampada no rosto. Aparenta-se protegido com ele, seguro, equilibrado, perdendo por circunstância a paciência parra com o Poeta, mas consegue sempre dar a volta e torna a ele mais seguro de lhe pertencer, qual *boomerang* que retorna em elipse à mesma mão. Bebe água porque quer ser saudável e durar até aos cem anos, depois de beber um só copo a celebrar o Ano Novo, foram para casa dormir a fim de cumprir os compromissos da manhã. Vestiu-se à pressa com a mesma roupa com que havia chegado, penteou-se, deixou a louça para lavar, chamou um táxi e disse "Até logo Pai."

Mas o Poeta quer mesmo é ter umas notas para se

aguentar, para pagar as dívidas que o amor lhe deixou. Vai ter que arranjar trabalho, mais trabalho, para acabar o curso e depressa, para poder escrever mais, em nome do inveterado NeoRRealismo social, do NeoVagonismo que ainda está para se escrever, para se puder ter um novo par de meias e preparar até o pós-Vaginismo, salvo que o Poeta carrega embaraçado o feto do NeoVagonismo e quer ficar com ele, e então que viva o NeoVagonismo, será certamente a única criança que vai parir. Mas assim sozinho como um ermita, como irá ele fazer para a poder estimar? Talvez precise de uma boa madrasta, que lhe dê até uma ajuda, se for honesta, bonitinha, goste de sexo, como quase toda a gente gosta, pouco promíscua, e além se satisfaça com ele e vice-versa, talvez lhe ajude a manter a petiz do NeoVagonismo e dar-lhe quiçá um irmão de companhia, o NeoSurrealismo, do qual o Poeta possa ser um bom Pai como pretensiosamente teima em acreditar, quem sabe mesmo, um bom companheiro de uma via literária a encontrar. Sim, que se tenha em conta que a boa parentalidade não escolhe género, mas aconselha-se que seja no plural, até para isso a Coisa já arranjou lei que a renegue, censurando mesmo o amor mais inaudito.

Com certeza, o Poeta precisa de uma máquina de lavar a roupa dessas modernas que não gastem eletricidade e lavem em 15 minutos, para as meias sujas, precisa também de uma de lavar a loiça, um forno elétrico e, essencial, um fogão para poder cozinhar para as amigas, e para as amigas da criança, entenda-se que a criança se quer sentir feliz na casa mal alugada de pensão que o Poeta lhe arranjou, que por hora cravou a um senhorio que o aguenta como pode, por certo esse não lhe comprará os livros todos que fazem falta escrever ao Poeta, ao Escritor, ao Pai. Sim ao Pai Poeta, disposto a escrever o que vai n´alma p´ra lhe dar de comer à alegria de viver, ao petiz da literatura.

Sim, merda para o separatismo social, para a promiscuidade dos pais e mães que fazem crianças a título de pensionistas! E merda também para a classe delegada que tudo o que seja interesse fútil põe à frente das crianças literárias inocentes.

Arre, o Poeta precisa de uma ama, nem sequer para ele, mas para a literatura em feto que está prestes a parir. Uma ama tal que lhe mande fazer a cama do NeoVagonismo quando se desleixa, que o mande escrever mais prosa e menos poesia porque a prosa rende mais cêntimos que a poesia, de resto o Poeta, e mesmo o escriva aqui presente, têm curso superior em fraldas cheias de merda social para escrever.

E o assim, que se manifestem escritores e poetas nas ruas, com os seus livros em punho, e não se esqueça o leitor de ser moscovita de gesto largo, se vir um Poeta em necessidade, para mais um que seja Pai, não lhe sirva apenas um prato de comida, compre-lhe um livro, há muita comida literária no meio das fraldas cheias de merda de uma criança, o Poeta precisa de alimentar a alma que vai dentro de si, alma das palavras e dos sentimentos, desse filho bastardo da paixão que é o amor, que um dia por ilusão lhe deu um embrião da literatura, luz cintilante ao fundo do túnel da vida do Poeta Solteiro, sem um único par de meias lavadas. Sim, os pobres pedem, os ricos reclamam! Um par de meias lavadas! Bem quentes para este Inverno, e o Poeta, esse, tem frio e perdeu a vergonha na cara d'aqueloutra que ali atravessou a rua sem o par de meias polar que lhe deixou a ele para lavar.

Sim, o Poeta tem muitos amigos do café, por vezes simpáticos estranhos e estranhas, uns são de café de 60 cêntimos outros de 65, para o bar também arranja amigos, os de Gordon's que valem 3,50 e os de Tanqueray que valem uma nota, estes habitualmente são os melhores, pese que as alcoolemias do Poeta não fazem parte do quotidiano da pequena, já que o versista se reserva a fazê-lo nas suas ausências paraprogenétorais, tentado afogar a saudade enquanto a pequena não volta. De 10 a 20 tem alguns amigos a jeito, ajudam comprando livros, o Poeta até tem amigos de 25, quando faz mesmo falta, para um desenrasque, mas paga sempre essas dívidas, ainda que com algum atraso por vezes.

O Poeta já vendeu mais de 100 livros, para comer e dar de comer à criança do NeoVagonismo.

As costas doridas do pedinte Poeta andam sobrecarregadas e largas, de carregar fardos das suas tristezas inspiradoras, e das outras tristezas também, de andar com a pequena às cavalitas e de trazer nos intestinos o NeoVagonismo.

Na verdade, o maior problema do Poeta é o Estado, bem-dito, o Estado da Coisa, mesmo o da bandeira, que cagou para os valores de família e abriu ao *voyeurismo*, esse Estado de Coisa que quer gastar do estrofista o que ele ainda não teve de trocado sequer para publicar, essas coisas dos beneditos, estatuificados nas praças, hereges contra a arte de criar.

E sim, o Poeta tem uma criança que quer criar, mas o Estado diz que quer uma pensão e o Poeta, nem dinheiro tem para uma soalhada, e desamado, o Poeta precisa urgentemente de ir trabalhar, com um ordenado certo para umas meias de Inverno, não digo que precise ser escravo do patrão, mas de um relógio desses que nos faz correr contra o tempo tentando controlar-nos estanques de movimentos, e ganhar uns quilos de sal da ampulheta, ora pois para se movimentar o dito cujo, tempo.

O Poeta precisa de ir a Lisboa para lançar o

NeoVagonismo das gerações vindouras e não consegue bilhete de ida sequer para o comboio da literatura, nem mesmo para um par de meias lavadas!

Assim e deste modo proto-literário, me pediu gentilmente o Poeta que lhe escrevesse esta crónica semi-biográfica, a título da proto-literatura, para despesa da novel literatura NeoVagonista e tudo o mais pós-Abjecionista, acrescentado de laivos NeoRRealistas para a sua caixa de esmolas literárias Futuristas e Surrealistas, pelo pós-Dadaísmo que se envolveu na sua inconsequência anárquica, e em frente para o NeoVagonismo(!) para que nunca mais os Poetas vejam negado um par de peúgas quentes no Inverno, e assim, a criança da Poesia NeoVagonista seja livre de impostos!!!

Caso ao estimado leitor lhe seja de todo impossível adquirir um livro, ou não tenha mais a quem os oferecer, não se rogue pois de enviar o tal par de meias lavadas, o Poeta as aceitará humildemente, deixo-lhe desde já o endereço do dito cujo Poeta, Rua da Poesia NeoVagonista, lote 7, com Travessa do Realismo, 7777-333 Utopia, pode assim enviar além de meias, um volume de cigarros *Dunhill's* para escrever outro livro, talvez melhor dois sendo o segundo para a revisão de texto, um jogo de cama de casal com édredon e outro de solteiro, umas sapatilhas de menina tamanho 30, em bom estado para o Verão que se avizinha e para as aulas de ginástica da petiz, um outro par mas de sapatos, que sejam bonitos para ela também, quando se quer vestir mais chique; uma impressora laser a cores para imprimir as provas dos livros a corrigir e rever; uma publicação de um dos seus livros na Assírio & Alvim à conta da mesma; duas resmas de papel A4; o último disco do Bowie; um livro comestível que pode ser do Gonçalo M. Tavares; a restauração da nossa independência; cinco esferográficas BIC de escrita a preto e outras tantas de tinta da mesma cor do modelo *Uniball* da *Mitsu*, para a escrita fina; 3 cadernos de capa preta em A4 para os contos; 3 cadernos igualmente em capa preta; A5 modelo Oxford para as poesias; latas de conservas de atum; tomate pelado e salsichas com prazo alargado; massa esparguete que é elemento favorito para a comida da petiz; arroz; garrafas de azeite para o estrugido que está caríssimo; algumas cebolas e alhos; algum dinheiro para a comida fresca, uma bola de queijo; chouriços; alheiras; pacotes de leite achocolatado meio-gordo; uma lata de chocolate em pó Ovomaltine; tabletes de chocolate serão também bem-vindas para adocicar a alma; sopas em pó e o que mais quer que tenha de nutritivo não demasiado perto do fim do prazo na dispensa do leitor, e por fim, um bom advogado.

Agradece o Poeta e o Escriva aqui solidário.

Post Scriptum. Eu sei que vós ainda não percebestes, mas eu, enquanto autor, sou um Futurista XXI, e foi Orpheu quem me pariu!

INTERVALO

2ª PARTE

7. FINS FÍSICO-TEÓRICOS

AS MEIAS DO POETA VICTOR NUNO DE MENEZES

A diferença entre um bêbado e um escritor é que o bêbado não comete erros de semântica.

Victor Nuno de Menezes, Po8 e Físico-Teórico

A sociedade contemporânea está entre o colapso mental do capitalismo e o medo da Anarquia. Se não tiver coragem estaremos todos condenados à imbecilidade.

Victor Nuno de Menezes, Po8 e Físico-Teórico

A Revolução é feita através de todas as artes, é a Arte que muta a sociedade. Sem artes a Revolução Política fica pelo caminho.

Victor Nuno de Menezes, Po8 e Físico-Teórico

Só há Arte enquanto houVer poesia, todA a Arte é poesiA!

Victor Nuno de Menezes, Po8 e Físico-Teórico

A única forma de deter o terrorismo é deixar de o alimentar.

Victor Nuno de Menezes, Po8 e Físico-Teórico

Somos o que somos, o ser humano não muda, revela-se!

Victor Nuno de Menezes, Po8 e Físico-Teórico

A próxima tem que ser loira. As morenas dão cabo de mim!

Victor Nuno de Menezes, Po8 e Físico-Teórico

"Certa vez uma mulher apaixonou-se por mim, foi-se embora assim que me apaixonei por ela."

Victor Nuno de Menezes, Po8 e Físico-Teórico

O Rilke fodeu tudo, não pela poesia, mas pela correspondência.

Victor Nuno de Menezes, Po8 e Físico-Teórico

Nenhum livro do mundo está completo, tal como nenhum conhecimento.

Victor Nuno de Menezes, Po8 e Físico-Teórico

Ando eu cheio de meias-verdades
A espalhar a Razão pela multidão das certezas.
De que fostes feitos às mil vontades?
Antejulgados e à prisão condenados,
Dessa cadeia mental sempre acesa!

Victor Nuno de Menezes, Po8 e Físico-Teórico

O combate à Oligarquia é um dever de todos os cidadãos livres. A Oligarquia encolhe a cidadania.

Victor Nuno de Menezes, Po8 e Físico-Teórico

O maior ato de Poesia é a vida ao invés da morte, a morte leva Poesia nenhuma. O maior ato da Vida é a Poesia de sobreviver-lhe.

Victor Nuno de Menezes, Po8 e Físico-Teórico

Podeis julgar-me apenas idiota, ou talvez oco, mas dou de mim o que tenho, nada.

Victor Nuno de Menezes, Po8 e Físico-Teórico

Politicamente, sou um anarquista sentimental.

Victor Nuno de Menezes, Po8 e Físico-Teórico

Um mundo sem tradutores e humanistas é uma caverna sem luz.

Victor Nuno de Menezes, Po8 e Físico-Teórico

A Arte e a Ficção são as únicas formas de viajar para o futuro.

Victor Nuno de Menezes, Po8 e Físico-Teórico

Eu não passo de uma puta literária.

Victor Nuno de Menezes, Po8 e Físico-Teórico

Convém estarem a par de que fazem parte de uma experiência literária, e de que eu não vos pedi a vossa autorização para isso.

Victor Nuno de Menezes, Po8 e Físico-Teórico

O Espetáculo na Televisão vive essencialmente da caridade das lágrimas que vende para efeitos comerciais, assim como alguma literatura.

Victor Nuno de Menezes, Po8 e Físico-Teórico

O Império dos Povos é a língua que divulgam.

Victor Nuno de Menezes, Po8 e Físico-Teórico

O fascista é sempre um cobarde, como as hienas, ataca sempre em superioridade numérica e só os que lhes parecerem mais fracos.

Victor Nuno de Menezes, Po8 e Físico-Teórico

Os lugares da política são do povo, não dos políticos.

Victor Nuno de Menezes, Po8 e Físico-Teórico

Os social-fascistas só são democratas até saírem do poder.

Victor Nuno de Menezes, Po8 e Físico-Teórico

É URGENTE REINVENTAR O AMOR.

VICTOR NUNO DE MENEZES PO8 E FÍSICO-TEÓRICO

As Meias do Poeta são subversivas.

Victor Nuno de Menezes, Po8 e Físico-Teórico

Estar sozinho não é o mesmo que estar só.

Victor Nuno de Menezes, Po8 e Físico-Teórico

A vida é uma antologia de memórias.

Victor Nuno de Menezes, Po8 e Físico-Teórico

O meu Partido é a Literatura!

Victor Nuno de Menezes, Po8 e Físico-Teórico

Falo Galaico-Português, mas também me sei exprimir em Português-Padrão.

Victor Nuno de Menezes, Po8 e Físico-Teórico

Toda a vaidade nos trai tal como o espelho que nos vira do avesso!

Victor Nuno de Menezes, Po8 e Físico-Teórico

Em terra de cegos, quem tem olho passa despercebido.

Victor Nuno de Menezes, Po8 e Físico-Teórico

A poesia não é para se comer, é para se mastigar.

Victor Nuno de Menezes, Po8 e Físico-Teórico

A mudança parte daqueles que pensam diferente, não daqueles que pensam igual.

Victor Nuno de Menezes, Po8 e Físico-Teórico

O quão bem se aparece numa fotografia, depende, muitas vezes, do quanto te respeita ou te aprecia quem te a tira.

Victor Nuno de Menezes, Po8 e Físico-Teórico

Cada um é responsável por se libertar da sua prisão.

Victor Nuno de Menezes, Po8 e Físico-Teórico

Cada um acredita nos amanhãs que quiser, eu luto pelo meu cada dia.

Victor Nuno de Menezes, Po8 e Físico-Teórico

O tempo não é igual para todos, pudera ele existir.

Victor Nuno de Menezes, Po8 e Físico-Teórico

Hoje será o dia em que deixarei de ser um autor autopublicado para passar a ser um autor independente.

Victor Nuno de Menezes, Po8 e Físico-Teórico

Como é bom ser-vos estranho, é, talvez, educação. Eu digo: bom-dia; a quem passa, embriagado, ou não.

Victor Nuno de Menezes, Po8 e Físico-Teórico

Por vezes sinto-me com uma vontade estúpida de mandar toda a sociedade à merda, não fosse esse o lugar dela própria, a merda em que subsiste.

Victor Nuno de Menezes, Po8 e Físico-Teórico

Sim, eu também já sobrevivi no capitalismo, mas estou farto que o capitalismo nos escravize a todos, fazendo de nós palhaços, marionetes, fantoches ao seu serviço, sim, estou farto de uma sociedade de lucro monetário ao invés de lucro humano. Sim!

ARRE, ESTOU FARTO!

Victor Nuno de Menezes, Po8 e Físico-Teórico

Há cordeiros,
há lobos,
e há lobos com pele-de-cordeiro.

Victor Nuno de Menezes, Po8 e Físico-Teórico

Os social-fascistas só são democratas até saírem do poder.

Victor Nuno de Menezes, Po8 e Físico-Teórico

O contexto fode tudo.

Victor Nuno de Menezes, Po8 e Físico-Teórico

O Poeta não vende nenhum livro, mas vende-se à mesma.

Victor Nuno de Menezes, Po8 e Físico-Teórico

Todo o tradutor é pseudónimo do original.

Victor Nuno de Menezes, Po8 e Físico-Teórico

Mais vale dois pássaros a voar do que um morto na mão.

Victor Nuno de Menezes, Po8 e Físico-Teórico

Todos os poetas são adúlteros, e as poetisas também. É inconcebível conceber o amor sem Liberdade, e, no entanto, concebe-se.

Victor Nuno de Menezes, Po8 e Físico-Teórico

Todos os seres deviam ser eternos, não só os poetas.

Victor Nuno de Menezes, Po8 e Físico-Teórico

O Belo não é o mesmo que o bonito, prefiro sempre o Belo.

Victor Nuno de Menezes, Po8 e Físico-Teórico

Diz o vinho para o Ego:
- Vou-te foder!

Victor Nuno de Menezes, Po8 e Físico-Teórico

O amor acontece, mas dificilmente se repete.

Victor Nuno de Menezes, Po8 e Físico-Teórico

DEFINIÇÃO

A poesia é um hiperónimo só, como o Uni-verso, os poetas limitam-se a interpretá-la de diferentes formas, como os planetas, grandes e pequenos, outros estrelas e cometas. E eu, sou apenas um satélite de um planeta maior que gira pelo Uni-verso, hipónimo de poesia.

Victor Nuno de Menezes, Po8 e Físico-Teórico

Lembra-te, Poeta, ser pedinte não é o mesmo que ser pedante! De versos pedantes está o Depósito Legal cheio.

Victor Nuno de Menezes, Po8 e Físico-Teórico

VersuS

A dualidade do ser humano está em ter o finito na Razão e o infinito no Imaginário.

Victor Nuno de Menezes, Po8 e Físico-Teórico

Amar, verdadeiramente, é com papel e caneta.

Victor Nuno de Menezes, Po8 e Físico-Teórico

Amar provoca o risco de cegueira.

Victor Nuno de Menezes, Po8 e Físico-Teórico

A aRTE É umA drogA aLtaMente viciAnte.

Victor Nuno de Menezes, Po8 e Físico-Teórico

Há vários animais com nomes estranhos no seio da Natureza, o mais estranho desses é o animal humano, uma espécie em vias de extinção.

Victor Nuno de Menezes, Po8 e Físico-Teórico

Numa terra sem ideias todos as roubam e ninguém as tem.

Victor Nuno de Menezes, Po8 e Físico-Teórico

A maior das lutas de um autor é a luta contra o esquecimento.

Victor Nuno de Menezes, Po8 e Físico-Teórico

A inteligência é um preconceito de vaidade.

Victor Nuno de Menezes, Po8 e Físico-Teórico

Tenho muitas filosofias, e a maior parte são baratas, mas não são de borla.

Victor Nuno de Menezes, Po8 e Físico-Teórico

O melhor da solidão é que ninguém se fere além do próprio.

Victor Nuno de Menezes, Po8 e Físico-Teórico

ANÚNCIO:

POETA SÉRIO PROCURA MUSA PARA RELACIONAMENTO LITERÁRIO.

Victor Nuno de Menezes, Po8 e Físico-Teórico

A única coisa que nos distingue dos restantes animais é a Filosofia, essa capacidade de nos questionarmos a nós próprios e a tudo.

Victor Nuno de Menezes, Po8 e Físico-Teórico

Tudo, tudo, tudo! Tudo menos ser um burocrata! Melhor ser prostituta com salário à comissão! Tudo menos ser um burocrata!

Victor Nuno de Menezes, Po8 e Físico-Teórico

Não dês demasiado de ti aos outros, acabarão sempre por te desdenhar.

Victor Nuno de Menezes, Po8 e Físico-Teórico

Deus é um personagem de marketing religioso e não serve a mais que aos poderosos para que esses dominem os incautos.

Victor Nuno de Menezes, Po8 e Físico-Teórico

Belo, ou é poesia ou é Ruy.

Victor Nuno de Menezes, Po8 e Físico-Teórico

A morte deve ser uma escolha individual, mesmo a lenta, retirar esse direito ao indivíduo humano é sempre um atentado aos seus direitos basilares.

Victor Nuno de Menezes, Po8 e Físico-Teórico

Ser-se feliz não é o mesmo que demonstrar contentamento.

Victor Nuno de Menezes, Po8 e Físico-Teórico

Cada vez mais gosto menos de gente.

Victor Nuno de Menezes, Po8 e Físico-Teórico

Nunca se diz a uma mulher bonita que o é, as mulheres bonitas sabem o que são.

Victor Nuno de Menezes, Po8 e Físico-Teórico

Pior que o bloqueio de escritor é o bloqueio de poeta. É como ter uma pedra num rim! É querer decifrar palavras contíguas e não achar nem uma. É ver a dita musa, por fim, e não ter uma palavra bela, concreta; exata; definida; que a exalte de acordo com a magnitude que desperta. É não chegar a tempo da palavra certa, do vocábulo adocicado, mas não melado. Ter uma pedra no rim é uma dor do poeta bloqueado.

Victor Nuno de Menezes, Po8 e Físico-Teórico

Poder amar-se alguém com o seu consentimento é somente quase o mesmo que ser-se amado.

Victor Nuno de Menezes, Po8 e Físico-Teórico

O importante é dizer-se disparates de grande porte, as pessoas não dão importância aos pequenos e intermédios.

Victor Nuno de Menezes, Mestre em Disparates de Grande Porte

Quando a Direita é corrupta está tudo dentro da normalidade, quando é a Esquerda é heresia.

Victor Nuno de Menezes, Po8 e Revolucionário Político Físico-Teórico

A única forma de escrever boa poesia é sangrar-se como a um porco na matança.

Victor Nuno de Menezes, Po8 e Físico-Teórico

O Poeta é uma puta que troca livros por copos.

Victor Nuno de Menezes, Po8 e Vendido Físico-Teórico

As finanças pretendem mandar prender o Poeta por tráfico literário. O Poeta está inocente!

Victor Nuno de Menezes, Po8 e Físico-Teórico em Risco de Prisão Literária

O Poeta está inocente, mas não é inocente!

Victor Nuno de Menezes, Po8 e Físico-Teórico em Risco de Prisão Literária

Camões devia ser reconhecido como um filósofo, não como um poeta.

Victor Nuno de Menezes, Po8 e Físico-Teórico

O amor é como as orquídeas:
Se se deitar demasiada água afogasse e morre.
Tem que se saber a proporção exata, não é fácil.

Victor Nuno de Menezes, Po8 e Físico-Teórico Solteiro

Pergunto-me se a independência da Catalunha não
significará o fim do Franquismo.

Victor Nuno de Menezes, Po8 e Físico-Teórico

Por vezes fico na dúvida, sereis vós que não me levais a
sério, ou serei eu que a sério não vos levo?

Victor Nuno de Menezes, Po8 e Físico-Teórico

A arrogância, a plena arrogância de todos os que tentam escrever e vender livros, devíamos ser simples como William Blake, oferecendo aos amigos, conquanto eles paguem os copos.

Victor Nuno de Menezes, Po8 e Físico-Teórico

Se te quiseres lembrar de alguém, lembra-te dos que foram ao teu funeral.

Victor Nuno de Menezes, Po8 e Físico-Teórico

A única droga que ajuda a suportar a vida é o álcool, e talvez a heroína, mas essa ainda não experimentei.

Victor Nuno de Menezes, Po8 e Físico-Teórico

A vida é um fósforo aceso.

Victor Nuno de Menezes, Po8 e Físico-Teórico

Um dos problemas dos tempos correntes é que se confunde literatura com propaganda comercial.

Victor Nuno de Menezes, Po8 e Físico-Teórico

A sociedade que se indigna com a exploração infantil é ela mesma a responsável por essa exploração. Um nojo! A sociedade é um nojo!

Victor Nuno de Menezes, Po8 e Físico-Teórico

É nas minhas mãos que vejo a idade que tenho e a vida que levei.

Victor Nuno de Menezes, Po8 e Físico-Teórico

Só a solidão permite escrever poesia e só a embriaguez permite dizê-la.

Victor Nuno de Menezes, Po8 e Físico-Teórico

Um Poeta que não vende um livro no Dia Mundial da Poesia, não é um Poeta a sério.

Victor Nuno de Menezes, Po8 e Físico-Teórico

Encaro a vida como que seja a única coisa que possuo, tendo em conta que o é!

Victor Nuno de Menezes, Po8 e Físico-Teórico

Amanhã levo as mesmas meias de hoje.

Victor Nuno de Menezes, Po8 e Físico-Teórico

Quando escolheres uma mulher para companheira, lembra-te que amanhã ela pode ser a tua futura ex-mulher, por isso todo o cuidado é pouco.

Victor Nuno de Menezes, Po8 e Físico-Teórico

Há livros que mudam o mundo, o meu estará entre eles, por um dia.

Victor Nuno de Menezes, Po8 e Físico-Teórico

O mais extraordinário da vida é o nascimento, tudo o resto é extraordinariamente banal.

Victor Nuno de Menezes, Po8 e Físico-Teórico

Não peças ao Tempo aquilo que ele não tem, o próprio Tempo.

Victor Nuno de Menezes, Po8 e Físico-Teórico

Somos mais frágeis do que imaginamos. Apenas sobrevivemos entre os pingos da morte, e ela está na goteira ao virar da esquina.

Victor Nuno de Menezes, Po8 e Físico-Teórico

Se sois serenos, serenos estareis. A todo o tempo serenos sereis, e enquanto tu sereia não vens, serenos seremos, serenos sereis.

Victor Nuno de Menezes, Po8 e Físico-Teórico

Talvez me achem vaidoso por escrever livros, mas eu tenho é vergonha de o fazer.

Victor Nuno de Menezes, Po8 e Físico-Teórico

A Poesia não é para ser bonita, é para ser bela, e para o ser, tem que ser dita.

Victor Nuno de Menezes, Po8 e Físico-Teórico

Proponho que se subverta a leitura! Doravante usar-se-ão os *smartphones* no trono (sanita) e livros nas esplanadas.

Victor Nuno de Menezes, Po8 e Físico-Teórico

As leis são como as virgens, também enganam!

Victor Nuno de Menezes, Po8 e Físico-Teórico

O génio de Picasso estava em saber adaptar todas as correntes ao seu traço e depois em adaptar o Mundo.

Victor Nuno de Menezes, Po8 e Físico-Teórico

Somente serei livre no dia em que me livrar de mim mesmo.

Victor Nuno de Menezes, Po8 e Físico-Teórico

O que vos distingue da restante merda é que me conheceis e, para mal dos meus textos, isso não fará a menor diferença.

Victor Nuno de Menezes, Po8 e Físico-Teórico

A sociedade é feita de gente que chupa piças e de gente que lambe cus, eu, Victor, estou fora da sociedade, não é coisa que me provoque interesse.

Victor Nuno De Menezes, Po8 e Físico-Teórico

Sócrates usava do seu tempo com os jovens porque ainda não eram estúpidos como os demais, e por isso foi acusado.

Victor Nuno de Menezes, Poio Social e Físico-Teórico

As universidades modernas são os centros de recrutamento de escravos burocratas ao serviço do neoliberalismo do capital, e não de conhecimento pró-sociedade, daí advém a sua absoluta inutilidade.

Victor Nuno de Menezes, Filósofo e Físico-Teórico Não-Licenciado

O importante não é diminuir ao Estado, mas sim erradicá-lo.

Victor Nuno de Menezes, Po8 e Físico-Teórico

O Poeta revê os seus textos à chuva, com a cabeça à fresca.

Victor Nuno de Menezes, Po8 e Físico-Teórico

Só os ricos é que têm dinheiro para comprar coisas fúteis como livros, os pobres, pelo contrário, compram joias, sapatos felpudos e carros milionários. Um dia, quem sabe, também serei pobre e não terei dinheiro para comprar livros.

Victor Nuno de Menezes, Po8 e Físico-Teórico

Nunca esperes mais do que aquilo que as pessoas te podem dar, esse é o caminho mais rápido para a desilusão.

Victor Nuno de Menezes, Po8 e Físico-Irónico

O que nos distingue dos restantes animais é o livro, e as naves espaciais.

Victor Nuno de Menezes, Po8 e Físico-Teórico

O problema da genialidade é que demora demasiado tempo a ser compreendida, por vezes está mesmo debaixo do nosso nariz.

Victor Nuno de Menezes, Po8 e Físico-Teórico

O que expande o Universo é a luz que o ilumina, assim como ao Conhecimento.

Victor Nuno de Menezes, Po8 e Físico-Teórico

O problema da Cultura de Estado é que os artistas não se criam em laboratório, só os burocratas.

Victor Nuno de Menezes, Po8 e Físico-Teórico

Por vezes não sei se gosto de política porque gosto de História, ou se gosto de História porque gosto de política. Mas sou favorável à ação.

Victor Nuno de Menezes, Po8 e Físico-Teórico

O maior dos espasmos do ego é amar-se a própria caligrafia.

Victor Nuno de Menezes, Po8 e Físico-Teórico

O mais divertido da vida é ter-se oportunidade de mandar à merda todos aqueles que nos mandaram à merda, nem sempre nos podemos divertir a esse ponto.

Victor Nuno de Menezes, Po8 e Físico-Teórico

A Anarquia tem vindo a perder significado porque muitos dos seus intérpretes pervertem o seu significado original. A Anarquia não procura o caos, mas sim uma sociedade sem classes, sem ordens, sem Governo, isso não significa que não tenha organização ou ordem.

Victor Nuno de Menezes, Po8 e Físico-Teórico Proto-Anarquista

Até as pessoas mais egocêntricas têm que parar para atender ao ego dos outros.

Victor Nuno de Menezes, Po8 e Físico-Teórico

As pessoas não mudam, revelam-se.

Victor Nuno de Menezes, Po8 e Físico-Teórico

Nunca tive a pretensão de ser melhor ou pior que ninguém, somente diferente o suficiente.

Victor Nuno de Menezes, Po8 e Físico-Teórico

Uma geração não-revolucionária será uma geração que nunca o foi! Uma geração não-revolucionária será tão inútil como um Américo Tomás! Abaixo a inútil geração não-revolucionária! Morra a inutilidade, morra!

PIM!

Victor Nuno de Menezes, Po8 e Físico-Teórico Revoluço-Libertário

Cada geração deve fazer a sua Revolução para que o ar corra e o bafio fascista morra.

Victor Nuno de Menezes, Po8 e Físico-Teórico Revoluço-Libertário

As redes sociais são uma imbecilidade
ao serviço do capitalismo.

Victor Nuno de Menezes, Po8 e Físico-Teórico em
Extinção

A sociedade elimina todos os seres pensantes
atirando-os à miséria, é parte da sua essência.

Victor Nuno de Menezes, Po8 e Físico-Teórico

O amor não se apaga, destrói-se!

Victor Nuno de Menezes, Po8 e Físico-Teórico

Há, entre vós, livros suficientes.

Victor Nuno de Menezes, Po8 e Físico-Teórico

Comparar um livro com um e-livro é a mesma coisa que comparar o sexo sem preservativo e com preservativo.

Victor Nuno de Menezes, Po8 Físico-Contestatário

Morrer de amor é para os fracos, os fortes morrem da loucura, e o que é o amor que não a loucura?

Victor Nuno de Menezes, Po8 e Físico-Teórico

O essencial é evitar-se perder tempo com quem não perde tempo connosco.

Victor Nuno de Menezes, Defunto Po8 e Físico-Teórico

Tudo é uma questão de sensibilidade.

Victor Nuno de Menezes, Defunto Po8 e Físico-Teórico

8. NECROLOGIA

AS MEIAS DO POETA VICTOR NUNO DE MENEZES

Necrologia (em atualização)

Foi hoje encontrado morto em sua casa na Rua da Poesia NeoVaginista, Lote 7, com Travessa do Realismo, 7777-333 Utopia, o Poeta e Físico-Teórico Victor Nuno de Menezes. Junto a si, segundo fonte policial, encontrava-se uma Poesia Completa de Mário de Sá-Carneiro, uma fotografia de sua filha menor, uma carta de despedida num envelope selado, e vários poemas e recortes de papel espalhados em seu redor, bem como uma conta de café que incluía uma água com gás. A Literatura Galaico-Portuguesa perdeu um pensador e um dos seus piores autores do primeiro quarto do século XXI.

A Família do galaico-português Victor Nuno de Menezes, falecido estes dias, veio a público dizer que se quiserem ocupar a vaga do Panteão, deixada pelo Zeca Afonso, aceitam que o Anarquista Poeta e Físico-Teórico seja homenageado com toda a pompa, eventual circunstância e honrarias, e seus restos mortais depositados em sede do Panteão Nacional, como aliás Victor Nuno de Menezes sempre exigiu, e terá deixado escrito no envelope selado que estava junto ao seu corpo quando foi encontrado. A família do autor, afirma-se ainda disponível para receber encomendas das suas obras, bem como aguarda que a SPA apresente um contrato digno para a divulgação da obra do defunto Físico-Teórico.

A amante de Victor Nuno de Menezes vem desmentir a família do mesmo, encontrado morto em sua casa no dia de ontem, alegou que Victor Nuno lhe terá segredado em privado que na realidade não tinha quaisquer aspirações de chegar ao Panteão, segundo ela ele terá dito que "É um local muito mal frequentado e que ainda por cima fica longe do Porto".

A amante anunciou também que tem originais do Poeta e quer assegurada a sua parte de "royalties" caso a SPA apresente contrato à família.

A SPA terá entrado em contacto com a família de Victor Nuno de Menezes, o Poeta e Físico-Teórico falecido na passada terça-feira, com o propósito de o apresentar como candidato ao Panteão Nacional no prazo de uma semana, coloca-se o entrave dos 20 anos necessários após a morte que poderá impedir que Victor Nuno de Menezes seja sepultado no Panteão de Santa Engrácia. Entretanto o Bispo de Braga veio alegar que Victor Nuno era um ateu anarquista e que não pode ser colocado num local tão sagrado como o Panteão. Na Avenida dos Aliados no Porto, um grupo de feministas despiu-se e empunhou cartazes que ditavam a palavra de ordem "Homo Sapiens Nunca Mais!".

A ex-companheira, mãe da filha do defunto anarquista Físico-Teórico, prestou declarações no DIAP, não se sabendo ainda quais os motivos que a levaram ao local, à saída foi indagada pelos meios-de-comunicação social sobre a sua posição relativamente à ida de Victor Nuno de Menezes para o Panteão Nacional, tendo respondido com um sorriso de orelha a orelha, "Estais a gozar comigo?"; entre os jornalistas presentes ouviu-se uma gargalhada sonora - são conhecidas as diferenças que os separaram. Quando abandonava o local partiu um tacão dos seus sapatos tendo calcado um bueiro, retirou o tacão partido, descalçou-se, e entrou num automóvel topo de gama que se supõe conduzido pelo seu atual companheiro, ao arrancar abriu o vidro da viatura e gritou: "Homo Sapiens Nunca Mais!"

O autor Alexandre Sábados, entrevistado à porta de sua casa em Antero de Quental, na cidade do Porto; pelo canal de televisão do Estado, afirmou que a ex-companheira de Victor Nuno de Menezes é das dele, considerou inacreditável o oportunismo da família de Victor Nuno de Menezes à qual só terá faltado "pedir uma comenda a título póstumo", revelando que um tipo como Victor Nuno de Menezes só teria lugar num Panteão de anedota; manifestando-se solidário com o tacão da ex-companheira do Poeta Físico-Teórico, pois ele próprio já terá partido tacões em bueiros. Questionado sobre a obra e o legado do Físico-Teórico, reagiu extemporaneamente: "Essa Merda!"

O funeral de Victor Nuno de Menezes terá lugar no dia de sexta-feira pelas 18 horas, com o propósito de evitar a hora de mais calor, ficando o defunto em câmara ardente no cemitério de Agramonte, seguindo depois para cremação. A sua urna será guardada pelos familiares até decisão final do conselho do Panteão Nacional. A Família emitiu comunicado pedindo que fossem levados os livros do autor para a cerimónia fúnebre a fim de serem lidos alguns dos seus escritos, informaram também que no fim da cerimónia haveria sessão solene celebrada com uma prova de vinho maduro e queijo-da-serra, e um DJ Set de música erudita que se iniciará ao som da Quinta Sinfonia de Beethoven.

Entretanto, foi dado a saber à comunicação social - supondo-se uma fuga de informação de entre os familiares do Poeta; que entre os papéis que Victor Nuno de Menezes tinha em redor do seu cadáver, se encontrava junto o seguinte texto, possivelmente entre os últimos escritos pelo autor.

"Erguer-me-ei de minhas cinzas
como sempre me sobrevi,
as vidas que me infindas
são somente do que me servi."

Abordada pelos jornalistas da capital, a diretora da Polícia Judiciária diz que só prestará declarações depois de certificado o relatório de autópsia do defunto. O diretor de Medicina Legal da cidade do Porto remeteu para o funeral do Físico-Teórico, afirmando que "É o dia do funeral do gajo, deixem a poeira assentar, respeitem o tipo e a família. O relatório será divulgado no tempo próprio."

Foi, entretanto, veiculado que quatro dos nove membros do Conselho do Panteão Nacional não são favoráveis à inclusão do Poeta Físico-Teórico na Santa Engrácia, no entanto, Luiz Machado, engenheiro editorial da editora de Victor Nuno de Menezes, diz que "Estas posições só podem ter sido assumidas por pessoas que não leram "«As Meias do Poeta»".

Em Agramonte, onde há pouco chegou o sarcófago de Victor Nuno de Menezes, os muros do cemitério foram vandalizados com escritos "Homo Sapiens Nunca Mais!" escrito em letras garrafais em ambos os suportes murados que encaixam os seus portões. No interior do cemitério encontra-se um grupo de sete feministas que terá invadido o local, tendo-se o grupo de mulheres despido em cima de campas veladas gritando "Homo Sapiens Nunca Mais!", slogan igualmente escrito nos seus peitos, alguns pares bastante proeminentes e carnudos. Dois agentes da polícia de costumes acabaram por prender duas das feministas no local, cobrindo-as com folhas de bananeiras que terão encontrado pelo caminho, enquanto outras duas terão já fugido do local, permanecendo ainda três a correr em fuga pelos corredores do cemitério, seminuas, tendo deitado abaixo já vários vasos e lápides amovíveis na sua desenfreada fuga. Foi, entretanto, chamada uma força especial feminina, pois a unidade policial de costumes destacada encontra-se em estado de embevecimento, com um sorriso aparvalhado na cara, tendo-se revelado totalmente incapaz de agarrar as restantes fugitivas.

A Família do Físico-Teórico já se encontra no local, no preciso momento em que a amante de Victor Nuno de Menezes acaba de sair de um táxi e tenta furar por entre a multidão, veste um vestido negro e decotado, sapato raso, e um chapéu de rendas-finas, com uns óculos Dior negros e os lábios pintados de bordô. Entre a multidão comenta-se, "Que borracho, o Victor Nuno tinha bom-gosto."

Aguarda-se a chegada da ex-companheira do Físico-Teórico que depois de ter estado ontem a prestar declarações no DIAP, parece estar atrasada para a cerimónia, se é que irá estar presente, o que é de resto uma das grandes dúvidas do dia. Corre o rumor que o decorrer da cerimónia a amante do Poeta terá sussurrado a amigos comuns ao Poeta, "Espero que essa p... dessa gaja não venha, deu-lhe cabo da vida!". No interior não se avista um único crucifixo, parece ter assim sido requerido na carta selada encontrada junto ao cadáver de Victor Nuno de Menezes.

Chega-nos também a notícia que terá sido destacada uma equipa de investigação genética para a Rua da Poesia NeoVagonista, onde se situa a casa do defunto autor, aparentemente para fazer levantamento de objetos, tecidos e fibras para investigação e formalização de prova. Ainda não é certa a causa de morte do Poeta Físico-Teórico, apesar de inicialmente se ter ventilado a hipótese de o autor ter decidido acabar com a sua vida.

A cerimónia decorre com leitura de poemas e ditames do autor. O sarcófago encontra-se ainda fechado, estando apenas prevista a sua abertura por apenas dez minutos antes das 18 horas, momento muito aguardado pela multidão que nunca viu a cara de Victor Nuno de Menezes e terá aí a sua primeira e última oportunidade de a observar, há quem já se mantenha na fila há mais de três horas para garantir a sua chance. Foram proibidas as presenças de telemóveis, câmaras de filmar e de fotografar.

Falta já pouco para a abertura do sarcófago, momento alto antes do DJ Set que se iniciará com a Quinta Sinfonia de Beethoven e da prova de vinho-maduro e queijo-da-serra. A Família abre alas aos funcionários do cemitério, ao mesmo tempo que chega a ex-companheira de Victor Nuno de Menezes acompanhada pelo seu namorado, a multidão olha-a de lado, a amante de Victor Nuno mandou-lhe uma cuspidela que acertou no seu acompanhante, a tensão está no ar, há alguns empurrões, mas acaba por serenar.

Vão abrir o sarcófago. É um momento intenso, há pessoas a chorar e outras aos berros, três carpideiras de tacão alto choram o defunto aos pés do sarcófago. Estão a levantar a tampa, tentamos ver por entre todas as cabeças que se sobrepõe de modo a conseguir avistar Victor Nuno de Menezes, é impressionante a moldura humana que se montou em toda a área. Alguém grita: "Acudam! Acudam!". Há pessoas a fugir da beira do sarcófago, vamos tentar-nos aproximar, temos que o fazer devagar pois são muitos os encontrões entre quem quer finalmente ver a cara do Físico-Teórico. Estamos quase a conseguir uma nesga. É inacreditável, o sarcófago parece estar vazio, pelo menos ao avistar a cabeceira não se vislumbra o defunto, vamos aproximar-nos um pouco mais. É UMA BOMBA! Vamos ter que nos afastar do perímetro e voltaremos dentro de minutos. POWWWWW!

AS MEIAS DO POETA VICTOR NUNO DE MENEZES

9. POEMAS DEFUNTOS

Ouve poeta: não deixes que ela te leve os teus papéis soltos na sua bolsa, aí não passarás de mais um objeto fútil, como um *batôn* que ela repassa, ou um lápis preto com que ela risca as sobrancelhas para se achar mais atraente, ou um espelho em que se mira para confirmar a sua beleza proeminente.

Ouve poeta: não sejas inútil como um objeto que ela descarte quando esteja gasto, como um penso higiénico ou um tampão desperdiçado num só fluxo. Não sejas pó, blush ou sombra nem perfume.

Não poeta! Se tens que ir na carteira dela que sejas chave de casa.

Victor Nuno de Menezes, Po8 e Físico-Teórico

DESENCADEADO

Ido à calçada vender poesia
Agreste e brava
Que ardesse na alma dos transeuntes.
E em caminho à Rua da Liberdade
Gritei alto a Revolução da Cidade:
Aos Palanques, Aos Palanques!
Gritei vagas altas como elefantes.
Aos Palanques, Aos Palanques!
Abri alas à poesia, desmamai da cultura,
Abri alas à utopia dos habitantes
Soltai as amarras dessa terra em secura,
Libertai as asas desses rebentos
Que germinam a Revolução caminhante,
Versos a contratempos,
A utopia esteve já mais distante.
Caminhantes, Aos Palanques!
Aos Palanques, Aos Palanques!
Sentai e comei da carnificina destes versos,
Aos Palanques, Aos Palanques!

Victor Nuno de Menezes, Po8 e Físico-Teórico

FRAGMENTO DO EGO VS ALTER-EGO

O verdadeiro amor esconde-se
Lá em baixo ao fundo da falésia!
E como hei-de eu lá chegar?
Atiras-te, evidentemente!
Mas vou-me despedaçar e esmagar-me!
Não é o verdadeiro amor que procuras?
Por certo, mas não a ponto de morrer!
Então nunca o encontrarás.

Victor Nuno de Menezes, Po8 e Físico-Teórico

PUPILA DO EGO

No meu olho esquerdo, menina,
Eras mel
Tal um favo de magia frugal,
Estendias-te esbelta em carrossel
- que sina! -,
Até encheres as páginas de jornal
Com teu corpo universal.

Absorvida pela pupila desfigurante
Viraste musa do ego plena,
Pelos corredores circulares da mente
Tornaste-te a domadora na arena.

Aí, escrevi-te em palavras vãs,
Tão vãs como as páginas de jornal
Em que tu, deslumbrante,
- como por meus divãs! -
Desabrochaste mulher chamejante
Envolta de sintagmas desconexos
Perante os olhares mais perplexos,

Victor Nuno de Menezes, Po8 e Físico Teórico

(Para quadro de Márcia Ferrão)

A MESA DA BURGUESIA

Do outro lado da parede do restaurante
Está sentada a eleita burguesia,
Em sua grande mesa de demagogia,
Eu, Poeta escravo e andante,
Como os restos antes de irem para a mesa
Da burguesia bruta sem delicadeza.

E, com meus bolsos furados da viagem,
Fiquei sem dinheiro para a despesa,
Mas com a vergonha perdida d'um selvagem
Arrisco beber o vinho da pobreza
Antes que a burguesia me leve a mesa.

Victor Nuno de Menezes, Po8 e Físico-Teórico

TERNO

Hoje, Poeta, que bem vestis!
Levantaste-te com a barba lavada.
Vestiste o teu terno gris
E mandaste-te à rua em pedrada,
Parecias distinto,
Tinhas ganho meio centímetro,
De sola.

Victor Nuno de Menezes, Po8 e Físico-Teórico

DO PLÁGIO SEM PUDOR (vide Camões)

O amor é merda que se faz sem se ver;
É hemorroida que dói, e não se sente,
É um traque descontente,
É uma caga que sai sem doer...

É um não querer mais que bem cagar;
É um evacuar solitário entre a gente;
É sempre borrar-se e contente;
É um defecar que ganha em se dejetar;

É uma prisão de ventre por vontade;
É servir a quem vence, o cagador;
É ter com quem nos esterca, lealdade.

Mas como causar pode seu odor
Nos narizes humanos inalidade
Se tão contrário a si é o próprio fedor.

Victor Nuno de Menezes, Po8 e Físico-Teórico

MUSA INSURRETA

- Cala-te, Poeta! Abstém-te!
Impera a multidão incomodada
E o Poeta prossegue a caminhada,
- Detém-te Poeta, nem mais um passo
Que esta boca não é para teu bafo!
Dita a musa arrebitada
Em linha reta deitada.

Victor Nuno de Menezes, Po8 e Físico-Teórico

COMUNISTAR

Ser-se comunista
Não é o mesmo que ser-se político.
Ser-se comunista
Não é limitar-se a ser crítico.
Ser comunista
É ser-se um transformante diacrítico.

Victor Nuno de Menezes, Po8 e Físico-Teórico

DESTITULADO

Tornei-me puta ao atingir a maioridade
Era hora de ganhar o meu dinheiro,
Estava então na própria idade
De quem quer partir o mealheiro.

E fui, dei-me putificado
A uma e a outra
Sem hora nem recado
Gordo como lontra
Barato como puta.

Victor Nuno de Menezes, Po8 e Físico-Teórico

DE RELANCE

Seus passos, eleitos,
Caminhava como deusa,
Bamboleava, estreita e larga,
Brotavam de seus pés, vertigens
Que eram abismos crescentes.

Daquela mulher, vestida decente
De sorriso largo e evidente,
Restou-se um espasmo tão somente.

Victor Nuno de Menezes, Po8 e Físico-Teórico

POEMA LIVRE E INCONSEQUENTE

Todos os Poetas são loucos até prova em contrário
Eis porque não há justiça aos Poetas
Que são culpados e condenados
Sem juízo nem presunção de inocência,

Todos os Poetas são culpados
De contar as histórias do seu tempo
Dum qualquer seu momento
Os Poetas são livres e libertários

E vagueiam-se pelas ruas
Umas porcas outras imundas
Em busca daquela rua que o sonho
Sonha. Sonha! Poeta! **SONHA!**

Sonha que se não sonhasses
Não servias para absolutamente nada,
Como os castelos da Fascinação,
Como a tua pressa desvairada

Que em fuga esses castelos
Se desfazem como à distância,
À distância que perde luz de presente
Do seu tempo ausente.

Como são belos esses castelos
Belos assim de repente,
Belos Belos Belos Javalis
Em vez de versos

Selvagens e imunes
À crítica! À ausência!
À turbulência!
Da vida que passa

Assim descontente como quem amassa
O pão de todos os dias à fome,
Ao tempo pela rua, quebrado
De frio no teu casaco de linho roto
Que vestes para ser pedinte
Quando as pessoas passam

E deixam uma moeda
Por cada estrofe que levam
Na carteira ao invés de dinheiro,
dienhiro dhnieiro drinheio
dhineiro drnieiro diheirno

Tu baixado ao chão da calçada
De chapéu atirado ao nada,

PARA COMER PARA COMER
PARA COMER PARA COMER
PARA COMER PARA COMER

para comer como pregam
tantos pedintes
por essas ruas seguintes.

Victor Nuno de Menezes, Po8 e Físico-Teórico

PROSTITUTO

O Poeta voltou a prostituir-se,
Vi-o pelas ruas de Braga
Com o seu casaco de linho roto
Oferecendo-se a quem passava
A troco de nada,
O Poeta sentou-se na beira da calçada
Chorando-se de mágoas curtas
Às saias que pela rua flutuavam,
O Poeta não vale nada.

Victor Nuno de Menezes, Po8 e Prostituto Literário

VAGUEANTE

Perdido na noite
No meandro obscuro
Da mais densa solidão
O Poeta deambula-se
Em passos trocados
Pelos atalhos da ausência
De amantes frustradas
Outrora em calçadas cruas
Despidas e deitadas

As árvores frescas à brisa
Da noite perdida
Atrás dos passos
D'outra noite fodida
Rompem o silêncio
Como uma vassoura
Que varre o passado
Para debaixo de um tapete
Roto e cagado.

Victor Nuno de Menezes, Poio Social e Físico-Teórico

OPRESSORES DO ESTADO

Tiveram eles a ousadia de deter a hora incerta
O caminho exasperado do Poeta:
Ia ele em supramissão parental
- a de dar de comer à musa essencial
que a vida lhe emprestou acidental -
Quando por incompetência humana
À luz de um pirilampo de cana
Se ergueu a barreira da opressão
Perante a tardia escuridão;
Sem instante de bom-senso
Levaram o Poeta e o apenso
Coagidos pela urgência da fome
A fazer acreditar a negligência
Sem que percebessem a tal urgência
- talvez seus filhos nunca a tenham sentido;
talvez nunca tenham tido filhos;
talvez nunca fome tenham sentido -;
E assinou assim o tributo ao Estado
- à merda do Estado -
Como um filho-da-puta embriagado;
Mas não se desfez logo o Poeta;
Não perante eles!
Não perante essa coisa infeta
Que o Estado acarreta;
Não perante a representação de força
Da opressão do Estado a tal profeta;
Mas da autocrítica perante a cria
Que não atende à fome por poesia.

Victor Nuno de Menezes, Po8 e Anarquista

FIM

ÍNDICE REMESSIVO

SOBRE O AUTOR

Victor Nuno de Menezes é um Poeta Personagem criado por Philipe Pharo da Costa. A figura desta obra é um Físico-Teórico autodidata e libertário que se confronta em monólogo com a sociedade, declarando pensamentos e meias-verdades do Universo Social, vociferando injustiças e proferindo impropérios muitas vezes auto-inflingidos.

Classificar esta adenda "Sobre o Autor" é um ato de contracultura avessa às vaidades diplomadas tão correntes nas sociedades modernas, um grito de liberdade autoral de um projeto literário independente que não se rege pelas formas estandardizadas da indústria editorial. O autor vale pela sua obra e não pelo seu percurso académico, nem pelo premiado do seu percurso literário, dois elementos de que o autor se evade pontualmente e em contradição numa luta constante e permanentemente no fio-da-navalha da sobrevivência real e literária.

O que vale o autor? **Nada!**

TÍTULOS DO AUTOR
PUBLICADOS PELA CONTRAATIRCSE

- De Mim Para o Mundo: Poesia e Fragmentos | Filipe F. Costa (2015)

- Poemas de Adil: e Um Texto Desalinhado | Filipe F. Costa (2015)

- Memoh Morto: e 5 Poemas de Outubro | Filipe F. Costa (2016)

- Livro dos Poemas de Fruto Proibido do Doutor Armando do Sal e Outros Textos Neoexperimentais | Philipe Pharo da Costa (2016)

- As Meias do Poeta Victor Nuno de Menezes e Outros Fragmentos Físico-Teóricos | Philipe Pharo da Costa (2017)

- Me and The World: Poetry and Fragments (Bilingual Edition Portuguese-English) (2ª Edição) | Philipe Pharo da Costa (2017 | 19)

- De Moi Vers Le Monde: Poésie et Fragments (Édition Bilingue Portugais-Français) (2ª Edição) | Philipe Pharo da Costa – Johanna Sciamma (2017 | 20)

- Este Aparelho Deve Ser Instalado Por Pessoas Competentes (Primeiro Manual) | Philipe Pharo da Costa (2018)

- Contos Oblíquos | Philipe Pharo da Costa (2020)

- As Meias do Poeta Victor Nuno de Menezes (Po8 e Físico-Teórico) – Obra Completa | Philipe Pharo da Costa (2022)

A PUBLICAR BREVEMENTE

Outras Mulheres
Philipe Pharo da Costa

A Fabricação da Luz
Philipe Pharo da Costa

TÍTULOS COLEÇÃO X MARAVILHAS DE JACK LONDON

- Emil Gluck: O Pior Inimigo do Mundo – Vol. I (3ª Edição)
  Jack London (Tradução: Philipe Pharo da Costa) (2016 | 18 | 19)

- Uma Invasão Sem Precedentes
  Ou: A Guerra de Jacobus Laningdale
  Vol. II (2ª Edição)
  Jack London (Tradução: Philipe Pharo da Costa) (2017 | 19)

- O Conto das Mil Mortes
  Ou: O Navio da Tortura – Vol. III (2ª Edição)
  Jack London (Tradução: Philipe Pharo da Costa) (2017 | 20)

- O Pagão – Vol. IV (2ª Edição)
  Jack London (Tradução: Philipe Pharo da Costa) (2020)

- O Vermelho – Vol. V
  Jack London (Tradução: Philipe Pharo da Costa) (2020)

A PUBLICAR BREVEMENTE

Cabeça-Baixa
Vol. VI
Jack London (Tradução: Philipe Pharo da Costa)

TÍTULOS COLEÇÃO GRANDES AUTORES

- O Carregador Zarolho – Voltaire (I)
  (Tradução: Philipe Pharo da Costa | Fabiana Ribeiro) (2019)

- O Gato Preto – Edgar Allan Poe (II)
  (Tradução: Philipe Pharo da Costa) (2019)

- A Dama com o Cão – Anton Tchékhov (IV)
  (Tradução: Philipe Pharo da Costa) (2020)

- Os Idiotas – Joseph Conrad (V)
  (Tradução: Philipe Pharo da Costa) (2021)

- A Alma Humana Sob o Socialismo – Oscar Wilde (VI)
  (Tradução: Philipe Pharo da Costa) (2021)

A PUBLICAR BREVEMENTE

Terra de Cegos
H.G. Wells
(Tradução: Philipe Pharo da Costa)

Manifesto do Partido Comunista
Karl Marx | Friedrich Engels
(Tradução: Philipe Pharo da Costa)

TÍTULOS COLEÇÃO POETAS LIVRES

- Clarividência: Das Profundezas e Das Alturas – Neusa Veloso (I)
  (Edição: Philipe Pharo da Costa) (2021)

A PUBLICAR BREVEMENTE

Maternidade
Luiz Machado